Die Kinder Handarbeitsschule

NÄHEN Stricken HÄKELN Sticken Weben

Ina Andresen
Ines Kollwitz
Fanny Mitula

INHALTSVERZEICHNIS

NÄHEN

STICKEN

HÄKELN

STRICKEN

WEBEN & CO

WER WIR SIND?

HALLO!

Die Autorinnen Fanny, Ines und Ina haben ein supertolles Buch mit allen grundlegenden Handarbeitstechniken für dich zusammengestellt. Und wir sind schlichtweg begeistert. Denn wir, Elisabeth, Luisa, Elisa, Antonia und Marc, die selber große Handarbeits-Fans sind, konnten es gar nicht erwarten, die ganzen Modelle endlich fertig zu sehen.

Dich erwarten in diesem Buch nicht nur jeweils umfangreiche Grundlagen, sondern auch schöne Modelle! Damit hier keine Fragen offen bleiben, findest du im Buch zur Unterstützung ein paar zusätzliche Tipps von den Autorinnen und uns sowie hilfreiche Videos zu den Grundlagen. Ganz einfach erklärt. Von Kindern für Kinder!

LUISA (12 JAHRE ALT): BEI IHR SITZT JEDE NAHT.

ELISABETH (10 JAHRE ALT): STICKEN IST IHRE LEIDENSCHAFT.

ONLINE-VIDEOS & ZUSATZMODELLE

Die Videos zu diesem Buch und exklusive Zusatzmodelle stehen in deiner Digitalen Bibliothek unter **www.topp-kreativ.de/digibib** zum Anschauen bereit. Den Code zum Freischalten findest du im Impressum.

Dieses Symbol zeigt dir, wo ein Video zur Verfügung steht.

NÄHEN IST WIE ZAUBERN KÖNNEN!

Für alle, die nicht genug bekommen können, gibt es noch digital zusätzliche Modelle.

NÄHEN

NÄHMASCHINEN-
NADELN
Handmaß
Hand gauge
Réglette
Righello
Regleta
HANDMASS
KNÖPFE
NÄHGARN
STECKNADELN
HANDNÄH-
NADEL

MASSBAND
BAUMWOLLSTOFF UND JERSEY
WEICHER BLEISTIFT UND KREIDESTIFT
KLEINE SPITZE SCHERE
STOFFSCHERE
NAHTTRENNER

GRUNDAUSSTATTUNG

STOFFSCHERE

Um Stoff zuzuschneiden, brauchst du eine spezielle Schere, die sogenannte Stoffschere. Achte darauf, eine kleine und leichte Schere zu verwenden, die sich gut für Kinderhände eignet. Aber Vorsicht: Mit dieser Schere darfst du niemals Papier oder Karton schneiden. Davon kann die Schere stumpf werden und der Stoff zieht beim nächsten Zuschneiden Fäden.

KLEINE SPITZE SCHERE

Mit einer kleinen spitzen Schere schneidest du Fäden ab oder Nahtzugaben ein.

WEICHER BLEISTIFT, KREIDESTIFT UND KREIDERAD

Mit einem weichen Bleistift lassen sich die Vorlagen prima auf den Stoff übertragen. Bei dunklen Stoffen verwendest du am besten einen Kreidestift, damit du die Linien später auch gut erkennen kannst. Das Kreiderad läuft leicht über den Stoff und lässt sich besonders gut für Markierungen auf Jersey einsetzen.

MASSBAND

Auf ein Maßband kannst du auf keinen Fall verzichten. Du benötigst es zum Ausmessen von Stoffstücken oder zum Einzeichnen von Markierungen.

STECKNADELN

Einzelne Stofflagen werden vor dem Nähen zusammengesteckt, damit sie nicht verrutschen. Gut geeignet sind Stecknadeln mit Glaskopf. Bewahre die Nadeln mit einem Nadelkissen auf. So hast du sie immer griffbereit.

HANDNÄHNADELN

Handnähnadeln gibt es in vielen verschiedenen Stärken und Längen. Gut geeignet ist die Stärke 9. Grundsätzlich gilt: Je feiner der Stoff, desto feiner die Nadel, ansonsten hinterlässt sie Löcher im Stoff.

NÄHMASCHINENNADELN

Nähmaschinennadeln gibt es in verschiedenen Stärken. Für die Baumwollstoffe, die in diesem Buch verwendet werden, eignet sich eine Stärke von 70–90.

JERSEY- ODER STRETCHNADEL

Jersey- oder Stretchnadeln haben eine abgerundete Spitze, damit der Stoff beim Nähen nicht beschädigt wird.

NAHTTRENNER

Ein unerlässliches Werkzeug, wenn du dich einmal vernäht hast und die Naht wieder auftrennen musst, ist der Nahttrenner.

BAUMWOLLSTOFF

Baumwollstoff ist der wohl am häufigsten benutzte Textilstoff. Die meisten Modelle in diesem Buch werden aus Baumwollstoffen genäht.

JERSEY

Jersey ist ein gestrickter Stoff und ist dehnbar. Er wird für T-Shirts, Mützen und Schals verwendet. Jersey hat zwei unterschiedliche Seiten. Die leicht gerippte Seite ist die schöne (rechte) Außenseite. Da Jersey nicht ausfranst, brauchst du ihn nicht zu versäubern. Nähe Jersey immer mit einer Jersey-Nadel, damit der Stoff beim Nähen nicht verletzt wird.

VOLUMENVLIES

Vlies oder ein Volumenvlies wird verwendet, um einen Stoff fester zu machen. Zum Beispiel unterlegt man damit Druckknöpfe, damit sie nicht ausreißen. Es gibt Einlagen in verschiedenen Stärken und Festigkeiten. Einlagen zum Aufbügeln haben auf der einen Seite eine Klebeschicht, die auf die linke Seite des Stoffes gebügelt wird. Bitte folge hier den Anweisungen des Herstellers. Mit einer wattierten Einlage können Modelle ausgepolstert werden.

NÄHGARN

Nähgarn gibt es in vielen verschiedenen Stärken, Qualitäten und Farben. Für die meisten Modelle in diesem Buch ist ein normales Allzweckgarn aus Polyester am besten geeignet.

KNÖPFE

Knöpfe kann man nicht nur zum Verschließen, sondern auch prima zum Verzieren verwenden. Es gibt sie in vielen verschiedenen Ausführungen (Druckknopf, Vierlochknopf, Ösenknopf usw.), Größen und aus unterschiedlichsten Materialien.

SCHRITT FÜR SCHRITT

RECHTE UND LINKE STOFFSEITE

Als rechte Seite bezeichnet man die schönere Stoffseite, die nach dem Nähen außen zu sehen ist. Die Rückseite des Stoffes ist die linke Seite.

LINKS AUF LINKS

Manchmal legt man die Stoffe auch links auf links aufeinander. Dann sind die schönen Stoffseiten außen zu sehen, die linken Stoffseiten liegen innen.

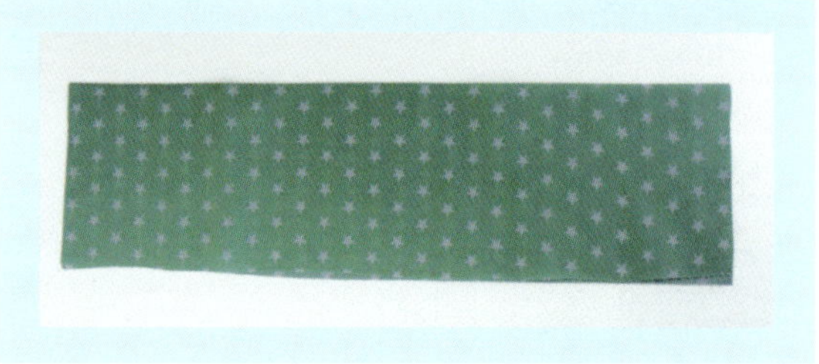

RECHTS AUF RECHTS

Zwei Stoffteile werden mit den schönen Seiten aufeinandergelegt. Die linken Stoffseiten sind außen zu sehen.

FADENLAUF

Der Fadenlauf in einem Stoff verläuft parallel zur Webkante. Das sind die festeren Ränder des Stoffes. Rechteckige Schnittmuster werden mit einer Kante parallel zum Fadenlauf auf den Stoff aufgezeichnet. Bei den anderen Schnittteilen ist ein Pfeil für den Fadenlauf eingezeichnet.

SCHNITTMUSTER ABPAUSEN

Lege dünnes Papier auf das Schnittmuster, z. B. Transparentpapier oder Butterbrotpapier. Dann zeichnest du alle Linien und Markierungen mit einem Bleistift nach und schneidest das Motiv mit einer Papierschere aus.

LEGENDE

Schnittkante ————————

Nahtlinie — — — —

Faltlinie - - - - - - - - - -

Fadenlauf ↓

SCHNITTMUSTER AUF DEN STOFF ÜBERTRAGEN

Lege den gebügelten Stoff glatt auf den Tisch und stecke das Schnittmuster mit wenigen Nadeln fest, damit es beim Zeichnen nicht verrutscht. Dann umrandest du die Papiervorlage mit einem weichen Bleistift oder Kreidestift und zeichnest, wenn nötig, die Nahtzugaben (siehe unten) an. Übertrage auch eingezeichnete Punkte, Pfeile und Markierungen vom Schnittmuster auf den Stoff. Was die Zeichen bedeuten, verrät dir die Legende. Anschließend entfernst du die Vorlage wieder.
Um zwei gleiche Stoffteile auszuschneiden, faltest du den Stoff rechts auf rechts und steckst dann das Schnittmuster zum Übertragen auf.

BÜGELN

Bügeln ist beim Nähen ganz wichtig. Vor dem Zuschneiden wird der Stoff immer gebügelt, damit er glatt liegt, wenn das Schnittmuster aufgezeichnet wird. Auch die Nähte werden nach dem Nähen ausgebügelt, damit sie schön glatt sind. Dazu legst du die Naht mit den Nahtzugaben nach oben auf das Bügelbrett, drückst die Nahtzugaben mit den Fingern auseinander und bügelst über die Naht. Lass dir beim Bügeln von einem Erwachsenen helfen.

NAHTZUGABE

An jeder Naht ist eine Nahtzugabe. So nennt man den Stoffrand zwischen Naht und Schnittkante. Man braucht sie, damit die Naht nicht aufgehen kann. Normalerweise sind Nahtzugaben 1 cm breit. Möchtest du ein Stoffteil mit Nahtzugaben zuschneiden, zeichnest du vor dem Zuschneiden eine Linie im Abstand von 1 cm rund um das Schnittmuster auf den Stoff und schneidest das Stoffteil dann entlang dieser Linie aus. Einige Nahtzugaben müssen versäubert werden, damit sie nicht ausfransen.

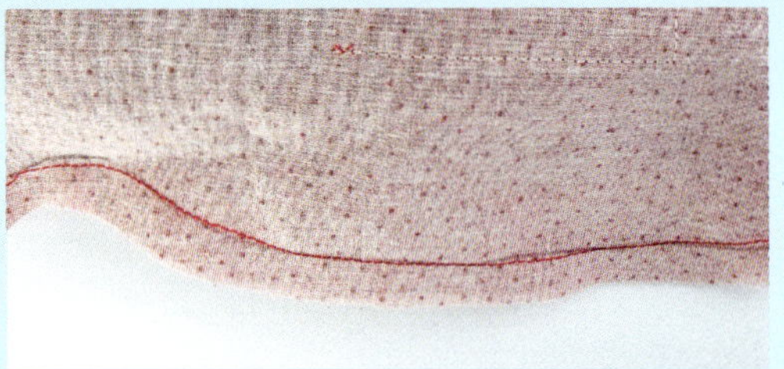

STOFFTEILE ZUSCHNEIDEN

Schneide die Stoffteile entlang der eingezeichneten Linie aus. Wenn zwei Lagen gleichzeitig geschnitten werden sollen, hefte die Stoffe vorher mit einigen Nadeln zusammen.

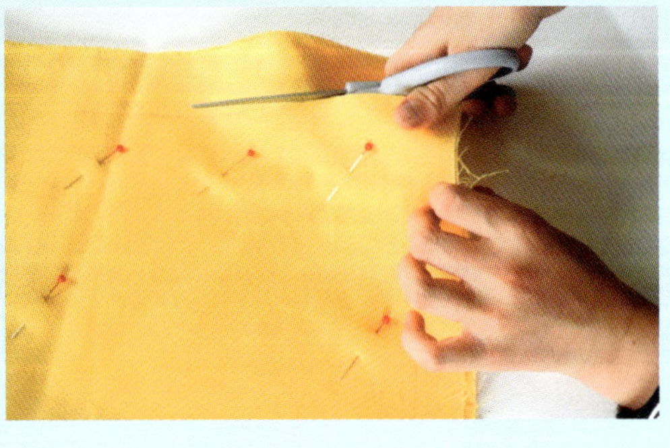

STOFFBRUCH

Wird ein Stoff zusammengefaltet, heißt die Linie, an der der Stoff umgefaltet wird, Stoffbruch. Manchmal wird ein Schnittmuster direkt am Stoffbruch angelegt, dann hast du nach dem Zuschneiden ein Stoffstück, das doppelt so groß wie das Schnittmuster ist.

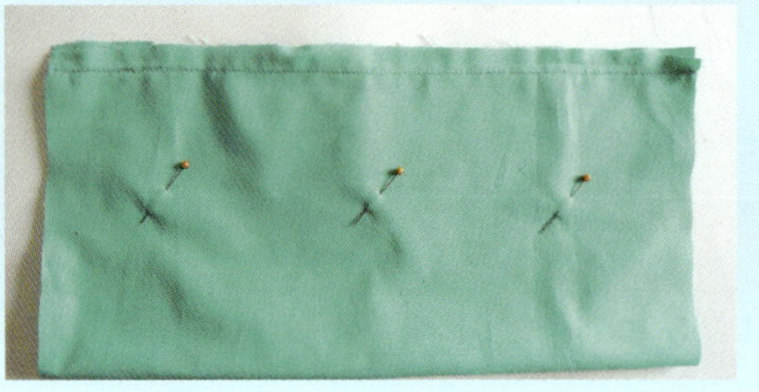

KANTEN UMBÜGELN

Bei einigen Modellen werden die Kanten auf links umgebügelt, bevor die Stoffe zusammengenäht werden. Damit die Kante, die du einbügelst, immer gleich breit ist, zeichnest du dir vorher eine Hilfslinie ein. Sie verläuft parallel zur Schnittkante im doppelten Abstand der Breite, in der die Kante umgebügelt werden soll. Möchtest du den Stoff zum Beispiel 1,5 cm umbügeln, zeichnest du vorher 3 cm parallel zur Kante mit Bleistift, Schneiderkreide oder Trickmarker eine Hilfslinie ein. Auf diese Linie muss die umgebügelte Kante treffen.

STOFFE ZUSAMMENSTECKEN

Wenn nicht anders angegeben, werden vor dem Nähen jeweils zwei Stoffteile rechts auf rechts gelegt und mit einigen Stecknadeln fixiert, also festgesteckt. Stecke die Nadeln am besten so in den Stoff, dass sie beim Nähen nicht stören und versetzt werden müssen. Bei flach aufeinanderliegenden Stoffteilen kannst du einige Nadeln in die Mitte des Modells stecken, mit etwas Abstand zur Nahtlinie.

Wenn du mit den Nadeln genau die Nahtlinie fixieren musst, steckst du die Nadeln quer zur Naht. Dann kannst du ganz langsam über sie hinweg nähen.

ARBEITSPLATZ

Lege alle Materialien, die du für ein Modell brauchst, auf den Tisch. Um die Nähmaschine gut bedienen zu können, ist es wichtig, dass du im Sitzen mit den Füßen auf den Boden kommst. Rücke so weit vor, bis du das Pedal gut erreichst. Tritt nur mit der Fußspitze auf das Pedal, so kannst du die Geschwindigkeit der Nadel optimal steuern. Versuche am Anfang, langsam zu nähen! So kannst du Nadel und Stoff gut kontrollieren.

FADEN AN DER NÄHMASCHINE EINFÄDELN

Bevor du mit dem Nähen beginnst, fädelst du an der Nähmaschine das Garn ein. Für den Oberfaden wird das Garn von der Rolle von oben durch mehrere Ösen bis zur Nadel geführt. Der Unterfaden wird auf eine Spule aufgerollt und dann unter dem Nähfuß eingesetzt. Das funktioniert bei jeder Nähmaschine anders. Gehe bitte nach der Anleitung des Herstellers in der Gebrauchsanweisung vor.

STICHLÄNGE EINSTELLEN

An der Nähmaschine kannst du die Stichlänge, also den Abstand zwischen zwei Nadeleinstichen in den Stoff, an einem Rad einstellen. Bei den meisten Stoffen stellst du die Stichlänge auf 2,5 mm ein. Bei dicken Stoffen oder mehreren Stofflagen etwas größer. Rundungen nähst du mit einer kleineren Stichlänge. Bei dem Zickzackstich wird zusätzlich zur Stichlänge auch die Stichbreite eingestellt. Die Einstellungen sind in den Modellanleitungen jeweils angegeben.

ÜBUNGEN AUFZEICHNEN

Zeichne mit einem Stoffmal- oder Filzstift gerade Linien, Ecken oder Rundungen auf Stoffreste, an denen du das Nähen übst. Eine „2" z. B. enthält gleich eine Ecke und eine Rundung. Lies dir die Beschreibungen für „Gerader Stich", „Rundungen nähen" und „Ecken nähen" gut durch und versuche jeweils, genau auf deinen Linien zu nähen.

NÄHEN MIT DEM GERADEN STICH

Zum Nähen legst du den Stoff unter das Füßchen. Senke das Füßchen auf den Stoff, indem du den Füßchenhebel nach unten drückst. Dann drehst du an dem Handrad, bis die Nadel im Stoff steckt. So können die Fäden nicht in der Maschine verrutschen, wenn du anfängst zu nähen. Mit beiden Händen hältst du den Stoff fest, um zu steuern. Dabei halten deine Hände Abstand zu dem Nähfüßchen. Jetzt kannst du ganz leicht auf das Pedal treten. Lass den Stoff einmal los, dann siehst du, dass die Maschine den Stoff von alleine einzieht. Du gibst nur die Richtung vor. Schneide nach jeder Naht die Fäden ab.

RÜCKWÄRTS NÄHEN

Am Anfang und Ende jeder Naht nähst du ein kleines Stück rückwärts. Das ist ein Schutz, damit die Naht nicht wieder aufgehen kann. Man nennt das „die Naht sichern". Drücke dafür auf den entsprechenden Knopf oder Hebel an deiner Nähmaschine und tritt vorsichtig auf das Pedal. Es reicht, jeweils drei Stiche rückwärts zu nähen.

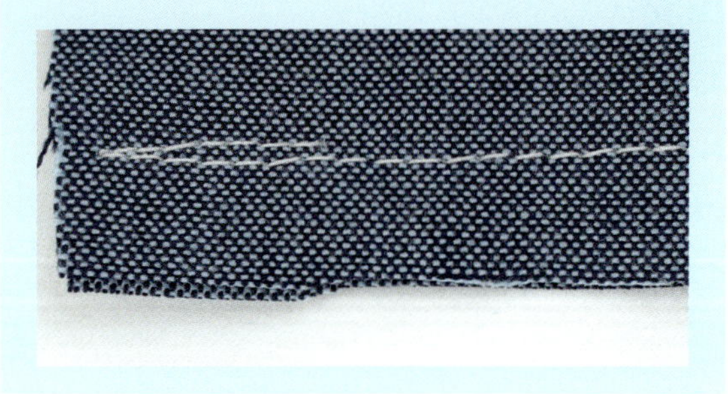

JERSEY NÄHEN

Um Jersey zu nähen, benutzt du eine Jersey-Nadel (siehe Seite 11). Sie hat eine abgerundete Spitze. Stelle an deiner Nähmaschine den Jerseystich oder einen kleinen Zickzackstich (Stichbreite 1,5 mm, Stichlänge 2,5 mm) ein. Die Nahtzugaben brauchst du nicht zu versäubern, da Jersey nicht ausfranst.

ECKEN NÄHEN

Nähe bis zu dem Eckpunkt und drehe an dem Handrad, bis die Nadel im Stoff steckt. Das ist wichtig, damit der Stoff nicht verrutscht. Stelle jetzt das Füßchen hoch und richte den Stoff so aus, dass du auf der Nahtlinie weiternähen kannst. Achte darauf, das Füßchen wieder abzusenken, bevor du weiternähst.

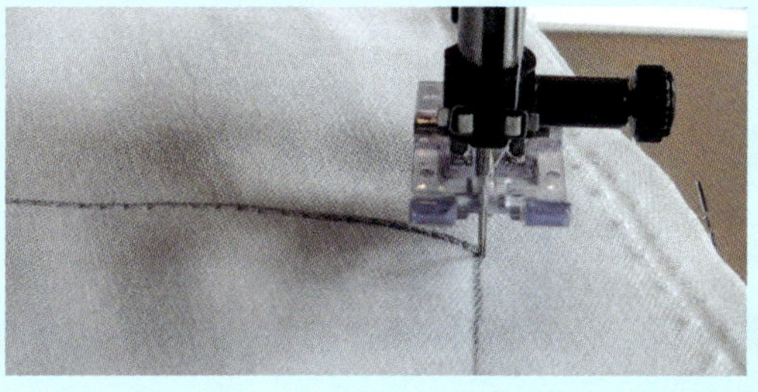

RUNDUNGEN NÄHEN

Rundungen kannst du einfacher nähen, wenn du eine kleine Stichlänge von etwa 1,5 mm einstellst. Dann macht die Nähmaschine kleinere „Schritte“. Sie näht automatisch langsamer und du kannst den Stoff leichter in den Kurven steuern. Manchmal ist es nötig, das Füßchen anzuheben und den Stoff neu auszurichten. Drehe dann mit der Hand am Rad, bis die Nadel im Stoff steckt, bevor du das Füßchen hebst, so kann nichts verrutschen. Richte den Stoff neu aus und senke das Füßchen wieder ab, bevor du weiternähst.

FÜSSCHENBREIT NÄHEN

Manchmal steht in der Anleitung „füßchenbreit nähen“. In diesem Fall soll die rechte Kante des Füßchens beim Nähen genau entlang der Kante des Stoffes geführt werden.

KNAPPKANTIG NÄHEN

Nähe so dicht wie möglich an der Modellkante entlang. Als Hilfe kannst du mit dem Trickmarker eine Linie aufzeichnen.

VERSÄUBERN MIT DEM ZICKZACKSTICH

Mit dem Zickzackstich versäuberst du Stoffkanten und Nähte. Dabei sticht die Nadel immer einmal in den Stoff und einmal knapp daneben ein. So ist die Stoffkante vor dem Ausfransen geschützt. Du kannst den Zickzackstich auch bei Applikationen benutzen.

ECKEN UND RUNDUNGEN ZURÜCKSCHNEIDEN

Damit sich das Modell nach dem Wenden an der Naht schön legt, werden bei einer Ecke die Nahtzugaben abgeschnitten. Bei spitzen Ecken mehr Zugaben wegschneiden.

Bei Rundungen schneidest du die Zugaben mit einer kleinen spitzen Schere senkrecht bis kurz vor die Naht ein.

WENDEÖFFNUNGEN SCHLIESSEN

Wendeöffnungen kannst du knappkantig mit der Nähmaschine zunähen oder mit Handstichen schließen. Bei Modellen, die mit Watte ausgefüllt werden, benutzt du Handstiche (siehe „Überwendlingsstich" und „Matratzenstich"), da du das Modell nicht mehr unter das Nähmaschinenfüßchen schieben kannst.

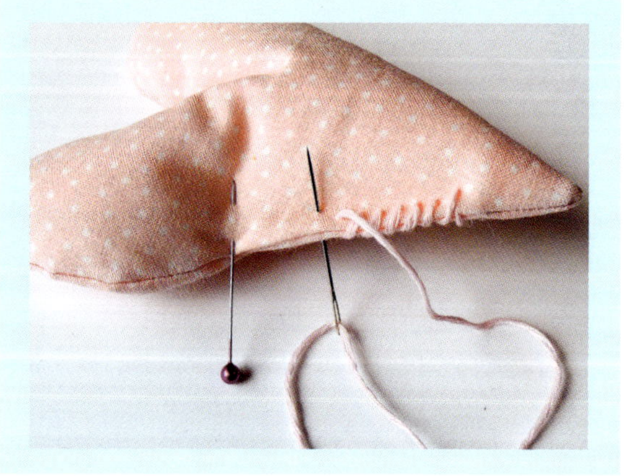

ÜBERWENDLINGSSTICH

Mit dem Überwendlingsstich kannst du Wendeöffnungen schließen. Stich die Nadel immer wieder von der gleichen Seite durch beide Stofflagen. Zum Schluss sicherst du die Naht mit einigen Rückstichen. Dafür stichst du am Schluss einen Stich zurück und führst dann die Nadel wieder aus dem letzten Stich heraus. Wiederhole das Ganze zweimal und schneide das Fadenende anschließend ab.

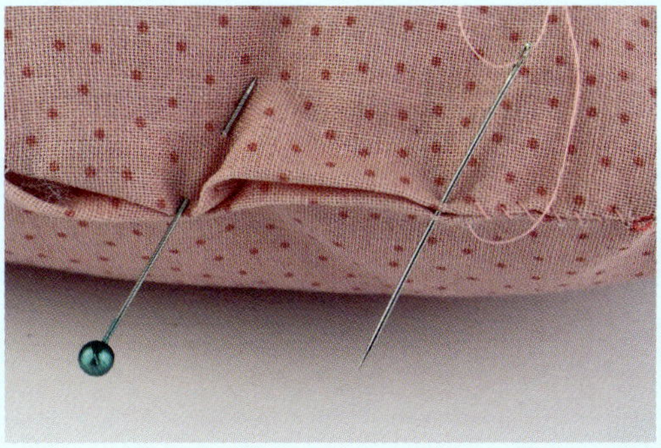

MATRATZENSTICH

Zum Schließen von Wendeöffnungen kannst du auch den Matratzenstich benutzen, dann ist die Naht unsichtbar. Stich an einem Ende der Öffnung durch einen Stoff aus und genau auf der gleichen Höhe in den anderen Stoff wieder ein. Arbeite weiter, indem du immer abwechselnd in die beiden Stoffe einstichst.

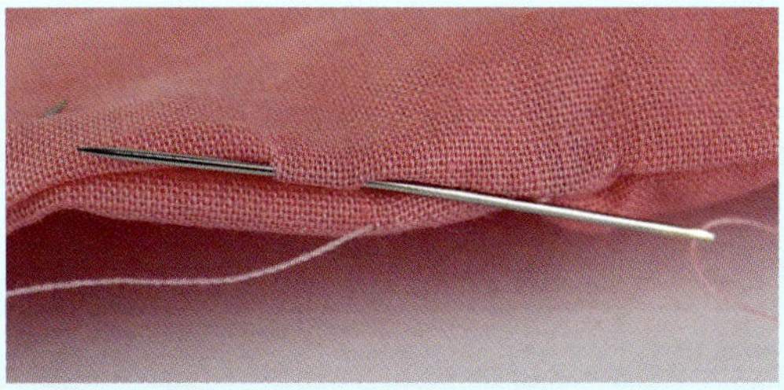

MIT WATTE FÜLLEN

Einige Modelle, wie z. B. die Kuscheltiere, werden mit Watte gefüllt. Schiebe die Watte mit dem stumpfen Ende eines Bleistiftes in die Modelle.

KNÖPFE ANNÄHEN

Fädle ein ca. 50 cm langes Nähgarn in eine Handnähnadel und lass ein Ende etwas länger herunterhängen. Mache einen Knoten in das längere Fadenende, damit der Faden nicht durch den Stoff rutscht. Stecke die Nadel von der linken Seite durch den Stoff und fädle den Knopf auf. Anschließend führst du die Nadel durch das zweite Loch zurück. Wiederhole den Vorgang drei- bis viermal und verknote zuletzt die Fäden auf der Rückseite.

Um einen Knopf mit Öse anzunähen, stichst du die Nadel von unten durch den Stoff, fädelst sie durch die Öse und stichst sie wieder durch den Stoff zurück. Wiederhole den Vorgang mehrmals und verknote die Fadenenden am Schluss miteinander.

MATERIAL

- Baumwollstoff in Rot-Weiß gestreift, 140 cm x 45 cm
- Baumwollstoff in Gelb, 35 cm x 40 cm
- farblich passendes Nähgarn
- Band in Weiß, 1,5 cm breit, 20 cm lang
- Kordel in Gelb, ø 1 cm, 3 m lang
- große Sicherheitsnadel

ZUSCHNEIDEN

- Baumwollstoff in Rot-Weiß gestreift:
  2 Rechtecke, 40 cm x 35 cm
  2 Rechtecke, 27 cm x 35 cm
- Baumwollstoff in Gelb:
  2 Rechtecke, 15 cm x 35 cm
- Band in Weiß: 2x 8 cm
- Kordel in Weiß: 2x 150 cm

Die Stoffmaße enthalten 1 cm Nahtzugaben.

TURNBEUTEL

1 Lege jeweils ein Stoffteil in Gelb rechts auf rechts auf ein rot-weiß gestreiftes Teil (27 cm x 35 cm) bündig an die lange Kante. Fixiere die Lagen mit Stecknadeln und nähe sie füßchenbreit an der langen Kante zusammen. Wiederhole den Schritt mit dem zweiten Teil in Gelb. Die Stoffe auseinanderfalten und die Nahtzugaben mithilfe eines Erwachsenen auseinanderbügeln.

2 Stecke jetzt jeweils einen zusammengesetzten Stoff rechts auf rechts auf eines der großen rot-weiß gestreiften Stoffrechtecke. Nähe die Stoffe an der langen Kante, an der die rot-weiß gestreiften Stoffe aufeinandertreffen, zusammen. Die Stoffe auseinanderfalten und die Nahtzugabe mithilfe eines Erwachsenen auseinanderbügeln. Wiederhole den Schritt mit den anderen beiden Stoffrechtecken.

Weiter auf Seite 22

TURNBEUTEL

3 Lege die zusammengenähten Teile so rechts auf rechts, dass immer gleiche Stoffe aufeinanderliegen. Stecke die Lagen mit einigen Stecknadeln fest. Markiere für den Tunnelzug mit Schneiderkreide jeweils 4 cm lange Strecken von der Naht zwischen den rot-weiß gestreiften Stoffen ausgehend an beiden Längsseiten der Stoffe. Hier befinden sich später die beiden Öffnungen für den Tunnelzug.

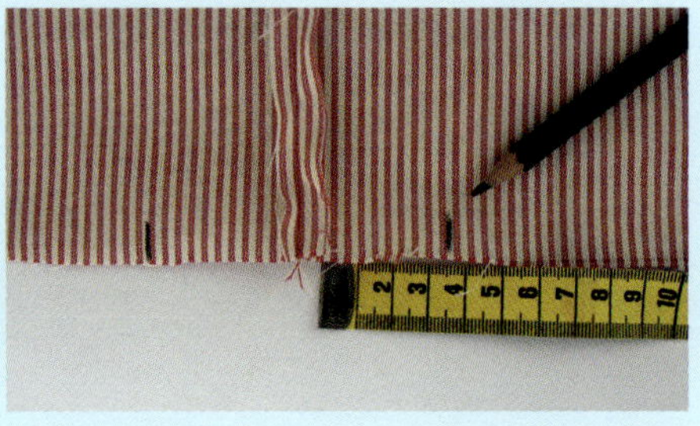

4 An den schmalen Seiten des größeren gestreiften Stoffrechteckes markierst du dir mittig mit Schneiderkreide eine 10 cm große Wendeöffnung.

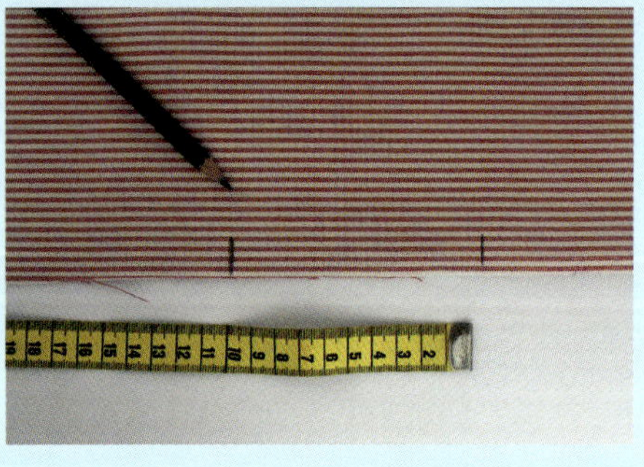

5 Die Bandstücke mittig zu Schlaufen falten. Lege die Bänder mit den Schlaufen nach innen zeigend mit 3 cm Abstand zu den unteren Kanten zwischen die Stofflagen des Außenstoffes in Gelb. Fixiere die Schlaufen mit Stecknadeln.

6 Nähe die Stoffteile rundherum zusammen, dabei die Aussparungen für die Tunnelzüge und die Wendeöffnung auslassen.

7 Anschließend die Nahtzugabe an den vier genähten Ecken schmal abschneiden.

8 Den Beutel durch die Wendeöffnung wenden. Schiebe die Nahtzugabe an der Wendeöffnung nach innen und nähe sie knappkantig zu. Schiebe dann den Innenbeutel links auf links in den Außenbeutel hinein.

9 Für den Tunnelzug markierst du mit Schneiderkreide oder einem Trickmarker rundherum eine Linie mit 3 cm Abstand zum oberen Rand des Turnbeutels. Danach nähst du Außen- und Innenbeutel entlang der markierten Linie zusammen. Achte darauf, jeweils nur zwei Stofflagen zusammenzunähen. Oben bleibt der Beutel offen.

10 Befestige eine Sicherheitsnadel an einem Kordelendstück. Ziehe die Kordel durch einen der Tunnel, indem du sie mit der Sicherheitsnadel hindurchschiebst. Anschließend führst du sie durch den zweiten Tunnel wieder zurück. Wiederhole den Schritt mit der zweiten Kordel, aber beginne dieses Mal auf der anderen Seite des Beutels.

11 Ziehe die Schlaufenenden jeweils durch die Schlaufen am Boden des Beutels und knote sie zusammen.

TIPP

Die Turnbeutel sind praktisch für unterwegs, eignen sich aber auch gut als Aufbewahrungsmöglichkeit für dein Zimmer. Du kannst etwas hineinräumen und sie an einen Wandhaken hängen.

KISSENBEZUG MIT HOTELVERSCHLUSS

KISSENBEZUG

1 Für die Applikation das Vliesofix auf die Rückseiten der Stoffe in Naturweiß und Rot bügeln. Lass dir dabei von einem Erwachsenen helfen. Zeichne dann den Kreis auf das Trägerpapier des weißen Stoffes und den Stern auf das Trägerpapier des roten Stoffes. Beide Teile ausschneiden.

2 Das Trägerpapier bei Kreis und Stern abziehen. Bügle zuerst den Kreis mittig auf die rechte Seite des Kissenvorderteiles. Anschließend bügelst du den Stern mittig auf den Kreis. Nähe beide Teile mit Zickzackstichen (Stichlänge 1,5 mm, Stichbreite 3 mm) rundherum fest.

Weiter auf Seite 26 →

MATERIAL

- Vliesofix, 90 cm x 35 cm
- Baumwollstoff in Naturweiß, 35 cm x 35 cm
- Baumwollstoff in Rot, 35 cm x 35 cm
- Baumwollstoff in Dunkelgrün, 145 cm x 45 cm
- farblich passendes Nähgarn

ZUSCHNEIDEN

- Baumwollstoff in Dunkelgrün:
  1x Vorderseite, 42 cm x 42 cm
  1x oberes Rückteil, 25 cm x 42 cm
  1x unteres Rückteil, 32 cm x 42 cm
- Vliesofix:
  2x 35 cm x 35 cm

Die Stoffmaße enthalten 1 cm Nahtzugabe.

Schnittmuster auf Bogen A

3 Versäubere alle Kissenteile mit breiten Zickzackstichen (Stichlänge 3 mm, Stichbreite 4 mm), um sie vor dem Ausfransen zu schützen.

4 Bügle bei dem oberen und unteren Rückteil jeweils eine der langen Kanten zuerst 1 cm und dann noch einmal 3 cm auf die linke Stoffseite um. Lass dir dabei von einem Erwachsenen helfen. Du erhältst einen doppelt eingeschlagenen Saum. Nähe an beiden Rückteilen den Saum knappkantig fest.

5 Lege die Kissenvorderseite mit der rechten Stoffseite nach oben auf die Arbeitsfläche. Das schmalere Rückteil legst du rechts auf rechts darauf, sodass die offenen Kanten unten bündig aufeinanderliegen.

6 Nun legst du das größere Rückteil rechts auf rechts mit den offenen Kanten oben bündig auf die Kissenrückseite und fixierst alle Stofflagen mit Stecknadeln. Die beiden genähten Säume überlappen sich. Nähe die Kissenstoffe rundherum füßchenbreit zusammen.

7 Schneide die Nahtzugaben an den vier Ecken schräg bis kurz vor die Naht zurück und wende das Kissen durch die Öffnung.

8 Jetzt brauchst du nur noch ein Kissen (40 cm x 40 cm) durch die Öffnung in den Bezug zu schieben und schon kannst du es dir gemütlich machen!

ORGANIZER FÜR KOPFHÖRER UND KABEL

MATERIAL

- Baumwollstoff in Hellgrau mit weißen Sternen, 20 cm x 30 cm
- Baumwollstoff in Koralle mit weißen Punkten, 20 cm x 30 cm
- Volumenvlies H640 zum Aufbügeln, 20 cm x 30 cm
- Reißverschluss in Weiß, 10 cm lang
- Band in Türkis, 1 cm breit, 10 cm lang
- farblich passendes Nähgarn

ZUSCHNEIDEN

- Baumwollstoff in Koralle mit weißen Punkten:
  1x Rückteil
  1x Vorderteil bei doppelter Stofflage
- Baumwollstoff in Hellgrau mit weißen Sternen:
  1x Rückteil
  1x Vorderteil bei doppelter Stofflage
- Volumenvlies:
  1x Rückteil
  1x Vorderteil bei doppelter Stofflage

Schnittmuster auf Bogen A

Alle Teile mit 1 cm Nahtzugabe ausschneiden.

ORGANIZER

1 Bügle die Vliesteile auf die linken Seiten des Futterstoffes in Hellgrau. Lass dir dabei von einem Erwachsenen helfen.

2 Lege ein korallfarbenes Vorderteil mit der rechten Stoffseite nach oben auf die Arbeitsfläche. Platziere den Reißverschluss mit dem Zipper nach unten bündig an die gerade Kante.

3 Lege ein graues Vorderteil rechts auf rechts bündig darauf und fixiere es mit Stecknadeln. Setze das Reißverschlussfüßchen in deine Nähmaschine ein, damit du besonders dicht an den Zähnchen des Reißverschlusses nähen kannst. Nähe die Stofflagen und den Reißverschluss mit geradem Stich (Stichlänge 3 mm) an der geraden Kante zusammen.

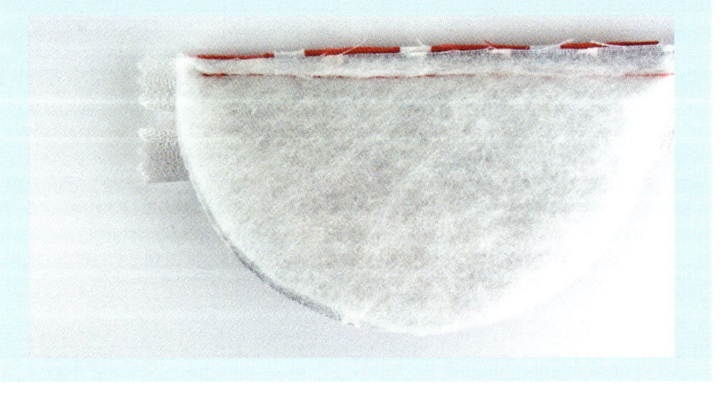

4 Falte die Stoffe links auf links, sodass der Reißverschluss freiliegt.

5 Wiederhole Schritt 2 und 3 mit den grauen Vorderteilstoffen an der anderen Hälfte des Reißverschlusses.

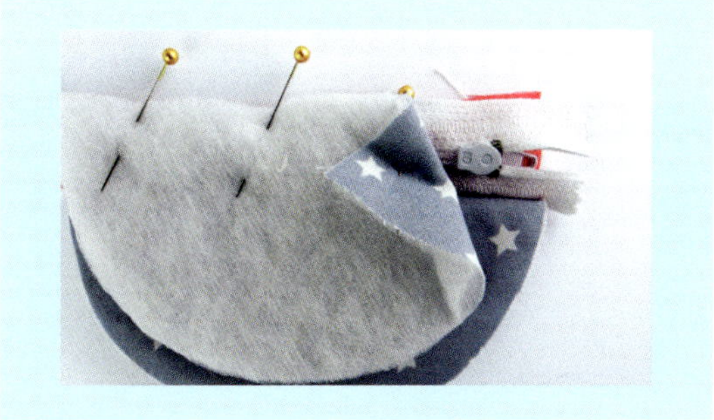

6 Falte die Stoffe links auf links, sodass der Reißverschluss mittig liegt. Öffne den Reißverschluss.

7 Falte das Band zur Schlaufe und lege es mittig an einer Rundung oberhalb des Reißverschlussanfanges mit der Schlaufe nach innen zeigend bündig an die Taschenkante.

8 Das korallfarbene Rückteil bündig rechts auf rechts auf die vorderen Taschenteile legen.

9 Anschließend legst du das graue Rückteil links auf links darauf und fixierst alle Stofflagen mit Stecknadeln. Nähe die Stoffe rundherum füßchenbreit bei geöffnetem Reißverschluss zusammen. Versäubere die Nahtzugaben mit breiten Zickzackstichen (Stichlänge 2 mm, Stichbreite 4 mm).

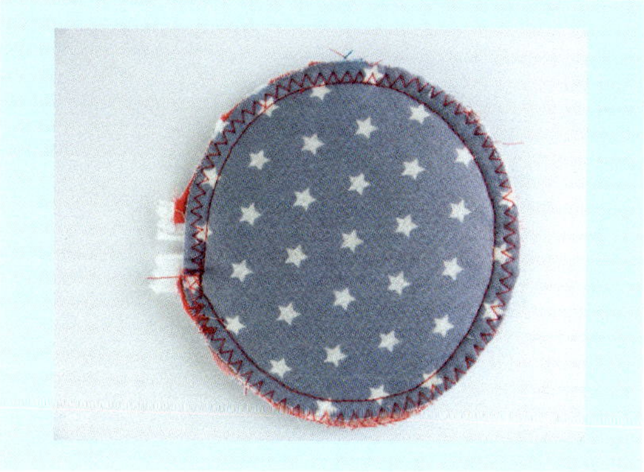

10 Jetzt kannst du deinen Organizer durch den Reißverschluss wenden.

BEANIE

1 Falte den Mützenstoff in Petrol mittig rechts auf rechts, sodass jeweils zwei Spitzen bündig liegen, und fixiere die Stofflagen mit Stecknadeln. Nähe die Stofflagen an beiden Seiten von außen zur Spitze hin zusammen. Die beiden Kanten in der Mitte der Spitzen bleiben vorerst offen.

2 Entferne die Stecknadeln. Ziehe den Stoff auseinander und lege ihn jetzt mit den noch offenen Kanten der Spitzen rechts auf rechts aufeinander. Nähe die Kanten zusammen.

3 Wiederhole Schritt 1 und 2 bei dem zweiten Mützenteil in Hellgrau.

4 Schiebe die Mützenteile rechts auf rechts aufeinander. Achte dabei darauf, dass die Seitennähte aufeinandertreffen. Markiere im Bereich der Seitennaht eine 6 cm große Wendeöffnung.

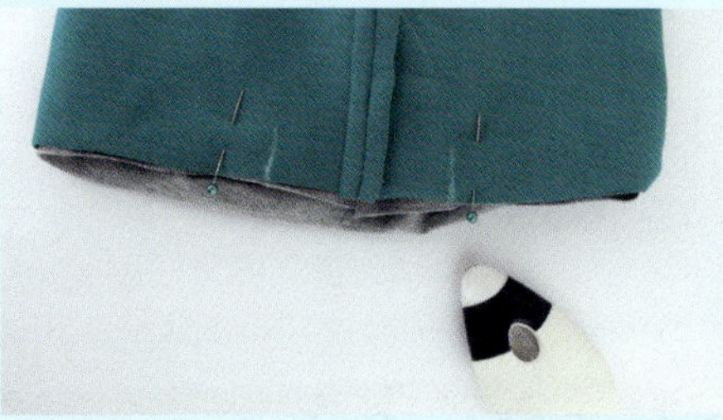

5 Nähe die Mützenteile rundherum an den unteren Kanten zusammen, die Wendeöffnung dabei auslassen.

6 Wende die Mütze durch die Wendeöffnung, schiebe die Nahtzugaben nach innen und nähe die Wendeöffnung mit Matratzenstichen zu.

7 Schiebe die Mütze in Hellgrau in die Außenmütze in Petrol hinein.

BEANIE

MATERIAL

- Jersey in Petrol, 35 cm x 60 cm
- Jersey in Hellgrau, 35 cm x 60 cm
- farblich passendes Nähgarn

ZUSCHNEIDEN

- Jersey in Petrol: 1x Beanie im Stoffbruch
- Jersey in Hellgrau: 1x Beanie im Stoffbruch

Die Stoffmaße enthalten 1 cm Nahtzugabe.

Schnittmusterbogen auf Bogen A

MATERIAL

- Jersey in Petrol, 35 cm x 55 cm
- Jersey in Hellgrau, 35 cm x 55 cm
- farblich passendes Nähgarn

Die Stoffmaße enthalten 1 cm Nahtzugabe.

TIPP

Der Loop sieht auch in gemustertem Jersey toll aus!

LOOPSCHAL

LOOPSCHAL

1 Lege die beiden Jersey-Rechtecke rechts auf rechts aufeinander und fixiere die Stofflagen mit Stecknadeln. Zeichne an einer langen Kante von beiden Seiten ausgehend jeweils eine 6 cm lange Strecke, auf der nicht genäht wird.

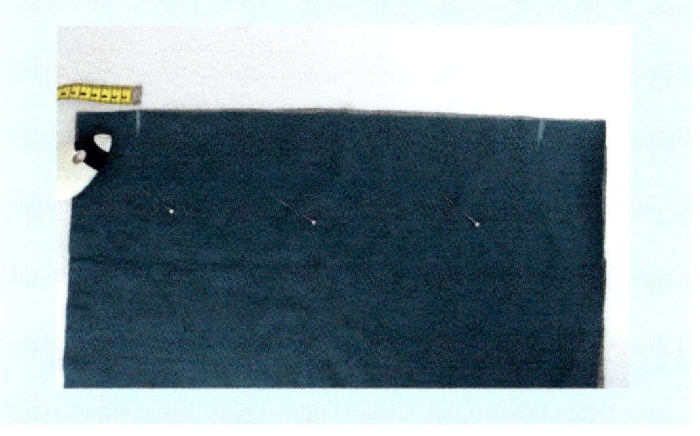

2 Nähe die Stoffe innerhalb der Markierung füßchenbreit mit elastischen Stichen zusammen. Anschließend nähst du die andere lange Kante komplett zusammen.

3 Wende den genähten Stoffschlauch, sodass die rechten Stoffseiten außen liegen. Lege den Schlauch zu einem Ring.

4 Jetzt steckst du die kurzen Kanten so rechts auf rechts zusammen, dass jeweils die gleichen Stoffe aufeinanderliegen. Achte darauf, dass der Schal nicht in sich verdreht ist. Nähe die kurzen Seiten zusammen.

5 Falte die Nahtzugaben an den verbliebenen Öffnungen 1 cm breit nach innen und stecke die Stofflagen zusammen. Nähe die Öffnungen knappkantig zu. Schon ist dein Loopschal fertig und du kannst ihn anprobieren.

MATERIAL

- Baumwollstoff in Altrosa mit Herzen, 140 cm x 75 cm
- 1 Stück Karton, 20 cm x 30 cm
- Baumwoll-Schrägband in Weiß, 1 cm breit, 3,50 m lang
- farblich passendes Nähgarn
- Baumwollstoff in Altrosa, 1,2 cm breit, 25 cm

ZUSCHNEIDEN

- Baumwollstoff mit Herzen:
  1x Schürze im Stoffbruch
  1x Tasche
- Karton: 1x Tasche
- Schrägband:
  1x 28 cm
  1x 30 cm
  1x 2,90 m
- BW-Stoff in Altrosa:
  1x 12cm x 90 cm
  1x 12 cm x 60 cm

Schnittmuster auf Bogen B

Die Schürze ohne Nahtzugabe ausschneiden. Bei der Tasche an den Seiten und am Boden mit 1 cm Nahtzugabe schneiden, die obere Kante der Tasche ohne Nahtzugabe ausschneiden.

Die Maße für die Bindebänder enthalten bereits Nahtzugabe!

SCHÜRZE

SCHÜRZE

1 Umnähe die Nahtzugaben an der Tasche mit Vorstichen. Dafür stichst du immer abwechselnd von oben und unten mit der Handnähnadel durch den Stoff (siehe Seite 49 „Vorstiche"). Den Endfaden nicht vernähen.

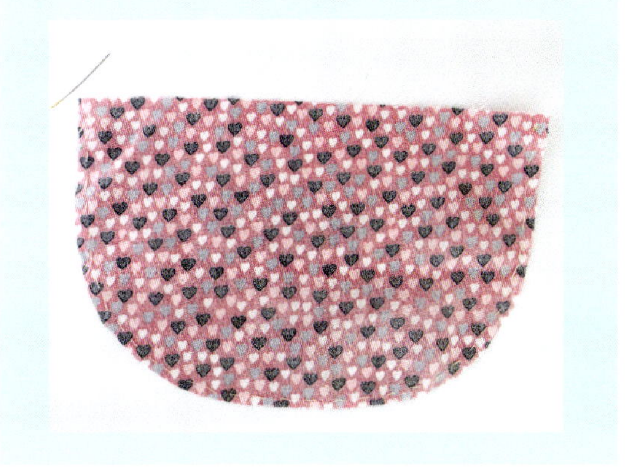

2 Lege die Schablone aus Karton auf die linke Seite der Tasche, dann ziehst du an dem Endfaden, um die Nahtzugabe zusammenzuziehen, bis sie sich um die Schablone legt. Bügle die Nahtzugabe mithilfe eines Erwachsenen nach links.

3 Die gerade Kante der Tasche mit dem 28 cm langen Stück Schrägband einfassen. Falte es dafür um die Kante, stecke es fest und nähe dann alle Lagen mit breiten Zickzackstichen (Stichlänge 2,5 mm, Stichbreite 4 mm) zusammen. Die Enden des Schrägbandes dabei jeweils 1 cm breit nach links falten, um schöne Abschlüsse zu erhalten.

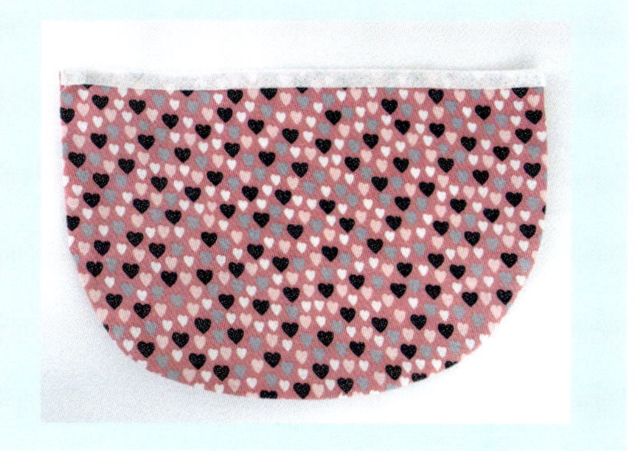

4 Die Tasche entsprechend der Markierung auf die rechte Seite des Schürzenstoffes stecken und an den Seiten und am Boden mit geraden Stichen knappkantig festnähen.

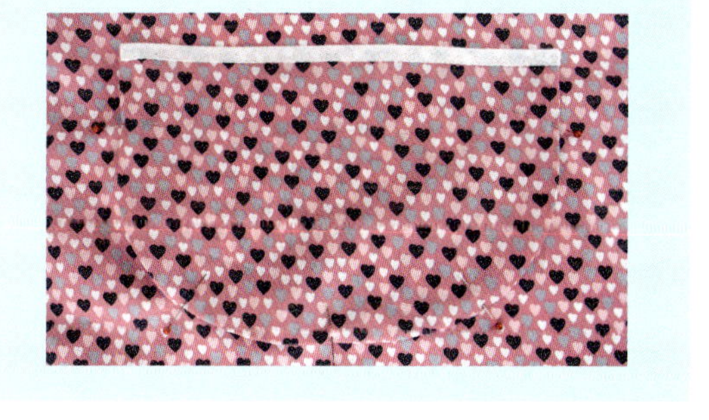

Weiter auf Seite 36

5 Fasse jetzt alle Kanten der Schürze mit dem Schrägband ein. Beginne mit dem 30 cm langen Stück an der oberen Kante. Anschließend fasst du die restlichen Kanten mit dem 2,90 m langen Stück ein. An den Ecken faltest du das Schrägband um die Ecken herum.

6 Falte die Streifen für die Schürzenbänder der Länge nach rechts auf rechts, sodass die langen Kanten bündig liegen. Nähe die Stofflagen entlang der langen Kanten füßchenbreit zusammen.

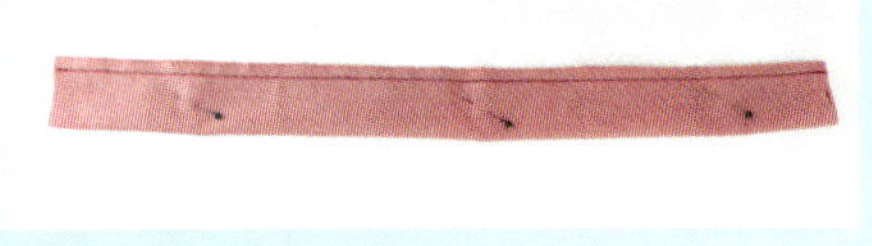

7 Wende die Schürzenbänder mithilfe einer Sicherheitsnadel. Dafür befestigst du sie an einem Ende der Bänder in der Nahtzugabe und schiebst sie dann durch den genähten Tunnel. Anschließend die Bänder bügeln.

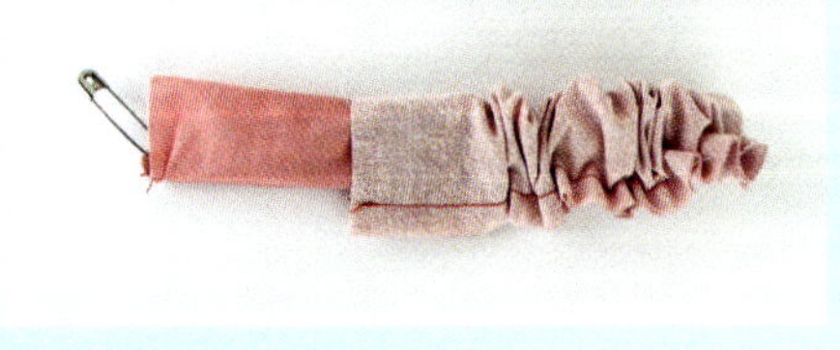

8 Bei den beiden 60 cm langen Schürzenbändern jeweils ein Ende knappkantig zunähen. Alle anderen Bandenden mit breiten Zickzackstichen versäubern.

9 Die beiden Schürzenbänder zum Binden mit den versäuberten Kanten 4 cm überlappend seitlich unter die Schürze schieben. Die Bänder wie abgebildet mit einem Quadrat und kreuzweise festnähen.

10 Das Schürzenband für den Nacken erst an einer Seite der oberen Schürzenkante wie in Schritt 9 beschrieben befestigen. Probiere dann die passende Länge für dich aus und kürze das Band, wenn nötig, entsprechend. Anschließend die andere Seite befestigen.

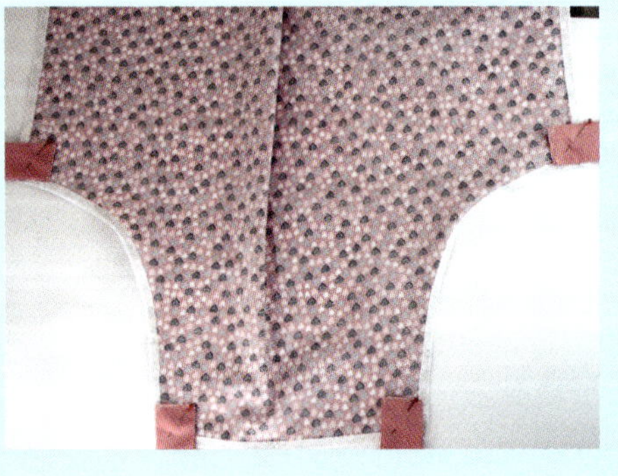

ROLLMÄPPCHEN

MATERIAL

- Baumwollstoff in Dunkelrosa, 90 cm x 25 cm
- Baumwollstoff in Türkis mit weißen Sternen, 25 cm x 45 cm
- Volumenvlies H630 zum Aufbügeln, 25 cm x 45 cm
- Zackenlitze in Gelb, 1 cm breit, 80 cm lang
- farblich passendes Nähgarn

ZUSCHNEIDEN

- Baumwollstoff in Dunkelrosa: 2x Mäppchen, 24 cm x 40 cm
- Volumenvlies: 1x 24 cm x 40 cm
- Baumwollstoff in Türkis mit weißen Sternen: 1x Taschenteil, 24 cm x 40 cm
- Zackenlitze: 2x 40 cm

Die Stoffmaße enthalten 1 cm Nahtzugabe.

ROLLMÄPPCHEN

1 Zuerst mithilfe eines Erwachsenen das Volumenvlies auf die linke Seite eines rosafarbenen Stoffes bügeln. Halte dich dabei an die Anleitung des Herstellers.

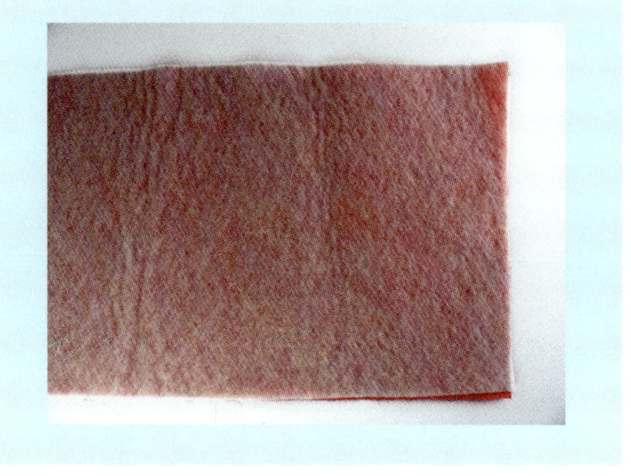

2 Den türkisfarbenen Stoff der Länge nach mittig links auf links falten, sodass die langen Kanten aufeinandertreffen. Den Stoffbruch bügeln.

3 Stecke den türkisfarbenen Stoff nun mit der schönen Seite nach oben auf die rechte Seite des Stückes in Dunkelrosa, welches kein Volumenvlies auf der linken Stoffseite hat. Dabei sollten die offenen Kanten bündig zu einer langen Kante des dunkelrosa Stoffes liegen.

4 Mit Kreide oder einem Trickmarker markierst du dir nun einzelne Fächer für Stifte oder anderes Zubehör, das du in deinem Rollmäppchen aufbewahren möchtest. Für einen dünnen Filz- oder Buntstift benötigst du eine Fachbreite von 2 cm. Beachte dabei, dass die beiden Fächerunterteilungen an dem linken und rechten Rand jeweils 1 cm Nahtzugabe für das Mäppchen enthalten. Das abgebildete Mäppchen ist folgendermaßen aufgeteilt:

1x 3 cm (2 cm + 1 cm Nahtzugaben) für einen Buntstift oder Filzstift
11x 2 cm für Buntstifte oder Filzstift
1x 3 cm für einen Füller
1x 8 cm für eine Schere und ein Lineal
1x 4 cm (3 cm + 1 cm Nahtzugaben) für einen Radierer

5 Nähe jetzt mit geraden Stichen entlang deiner Markierungslinien, um die Fächer abzuteilen. Achte darauf, die Linie nicht über das türkisfarbene Stoffteil hinaus zu nähen.

6 Anschließend beide Mäppchenteile in Dunkelrosa rechts auf rechts aufeinanderlegen und mit Stecknadeln fixieren. Schiebe an einer kurzen Seite mittig die beiden Zackenlitzen zwischen die Stofflagen und stecke sie fest.

7 Markiere dir an der oberen langen Kante des Mäppchens eine 8 cm lange Wendeöffnung.

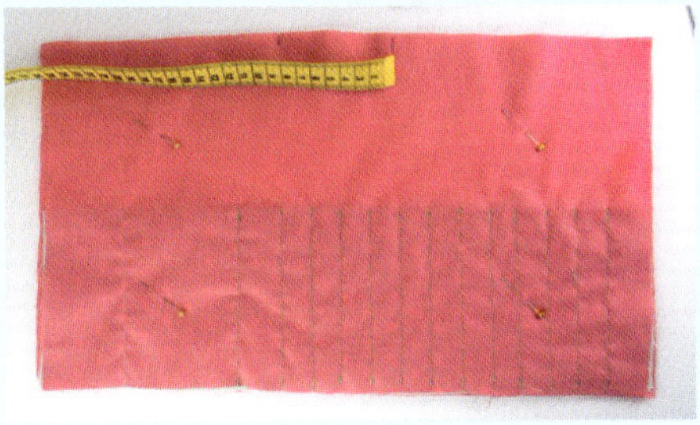

8 Nähe das Mäppchen rundherum mit 1 cm Nahtzugabe zusammen, die Zackenlitze dabei mitfassen und die Wendeöffnung auslassen. Schneide die Nahtzugaben an den Ecken ab.

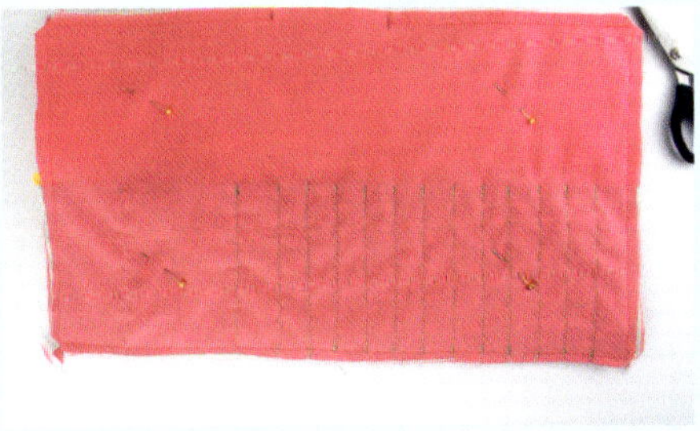

9 Das Mäppchen durch die Wendeöffnung wenden und mithilfe eines Erwachsenen bügeln. Schiebe dabei die Nahtzugabe an der Wendeöffnung nach innen. Anschließend kannst du die Öffnung mit Matratzenstichen schließen.

10 Jetzt brauchst du dein Mäppchen nur noch zu befüllen, dann kannst du es rollen, mit den Bändern umwickeln und schließen.

TIPP

Wenn du weder Kreidestift, Kreidemaus noch Trickmarker hast, kannst du dir die Markierungslinien in Schritt 4 auch ganz dünn mit einem weichen Bleistift vorzeichnen.

MATERIAL

- Baumwollstoff in Rosa getupft, 30 cm x 50 cm
- Filz in Cremeweiß, 1 mm stark, 6 cm x 12 cm
- Baumwollstoff in Rosa-Weiß und Blau-Weiß geringelt, je 20 cm x 18 cm
- Baumwollstoff in Hellrot und Hellblau, je 22 cm x 20 cm
- Baumwollstoff in Grau getupft, 22 cm x 32 cm
- Füllwatte
- Filz in Rosa, 1 mm stark, 7 cm x 8,5 cm
- Filz in Rot, 1 mm stark, 2 cm x 2 cm
- farblich passendes Nähgarn
- Textilkleber
- Stoffmalstift in Schwarz

ZUSCHNEIDEN

- Baumwollstoff in Rosa getupft:
  je 1x Katze bei doppelter Stofflage
  2x Außenohr bei doppelter Stofflage
- Baumwollstoff in Rosa-Weiß und Blau-Weiß geringelt:
  je 1x Arm bei doppelter Stofflage
- Baumwollstoff in Hellrot und Hellblau:
  je 1x Bein bei doppelter Stofflage
- Baumwollstoff in Grau:
  1x Schwanz bei doppelter Stofflage
- Filz in Weiß: 2x Innenohr
- Filz in Rot: 1x Schnauze

Schnittmuster auf Bogen B

Alle Teile, außer die aus Filz, mit 1 cm Nahtzugabe ausschneiden.

KATZE

1 Die Innenohrteile aus Filz mit den unteren Kanten bündig auf die rechten Seiten zweier Außenohrteile stecken. Nähe die Innenohren jeweils an den Seitenkanten knappkantig mit geraden Stichen fest.

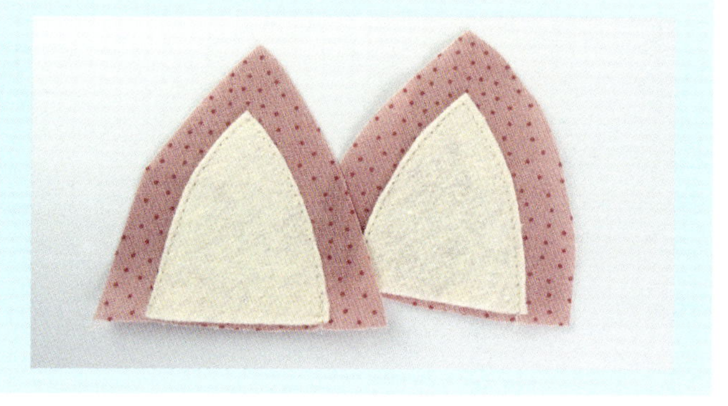

2 Jetzt jeweils ein Außenohr mit und ein Außenohr ohne Filz rechts auf rechts stecken und an beiden Seitenkanten füßchenbreit zusammennähen. Die Nahtzugabe an der oberen Spitze schmal abschneiden. Die Ohren wenden und mit sehr wenig Watte füllen.

TIPP

Die Katze kannst du gut mit Stoffen aus deiner Restekiste anfertigen!

Weiter auf Seite 42

KATZE

3 Für die Arme, Beine und das Schwänzchen steckst du jeweils zwei Teile aus gleichen Stoffen rechts auf rechts aufeinander und nähst sie rundherum zusammen. Das kurze gerade Ende jeweils zum Wenden auslassen. Knipse die Nahtzugaben an den Rundungen ein.

4 Fülle Arme, Beine und Schwanz fest mit Watte aus. Um die Watte bis in die Spitzen zu schieben, kannst du die flache Seite eines Bleistiftes oder das Ende eines Kochlöffels verwenden.

5 Die Tasche aus Filz auf der rechten Seite eines Katzenteiles mittig im Bauchbereich feststecken. Nähe sie am Boden und an beiden Seitenkanten knappkantig fest.

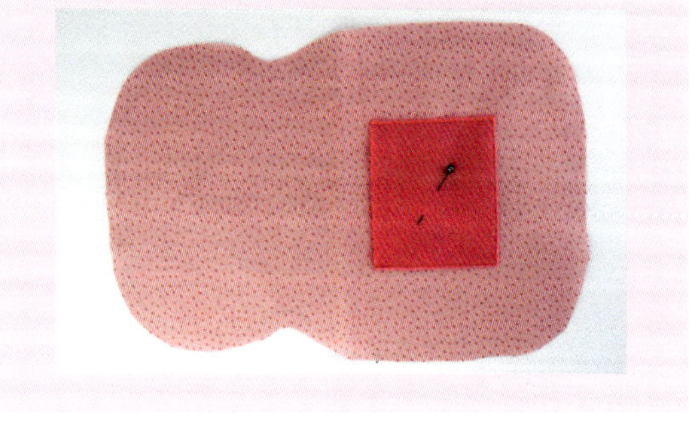

6 Lege das Körperteil mit der Bauchtasche mit der rechten Stoffseite nach oben zeigend auf deine Arbeitsfläche. Stecke die Ohren und Beine entsprechend der Markierungen darauf, jeweils mit den offenen Kanten bündig zum Körper.

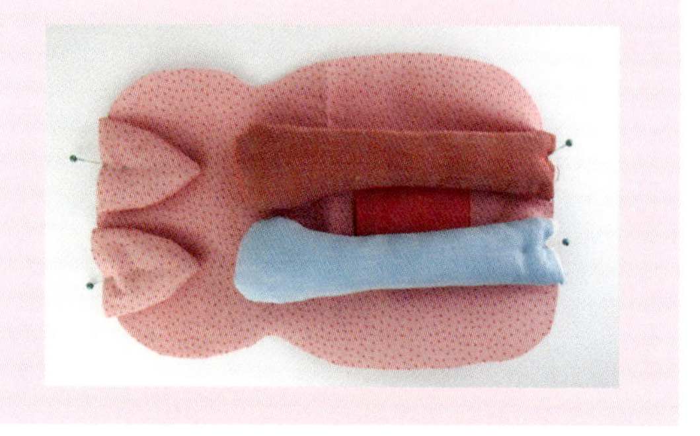

7 Anschließend steckst du das zweite Körperteil rechts auf rechts darauf fest. Nähe die Stofflagen rundherum zusammen. Die Beine und Ohren dabei mitfassen. Lass die Wendeöffnung aus.

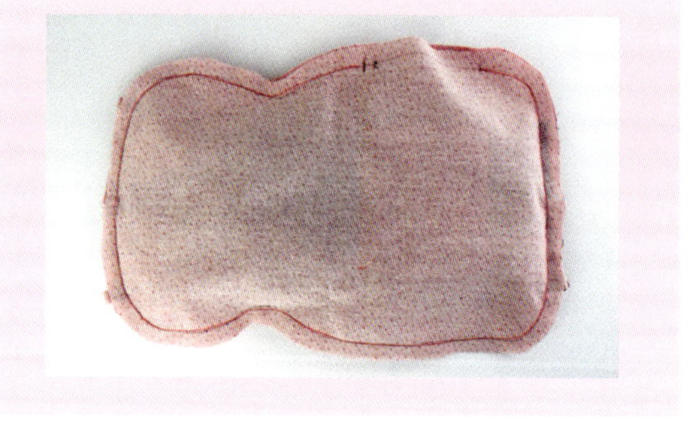

8 Knipse die Nahtzugaben an den Rundungen ein, damit sich der Stoff nach dem Wenden schön legt.

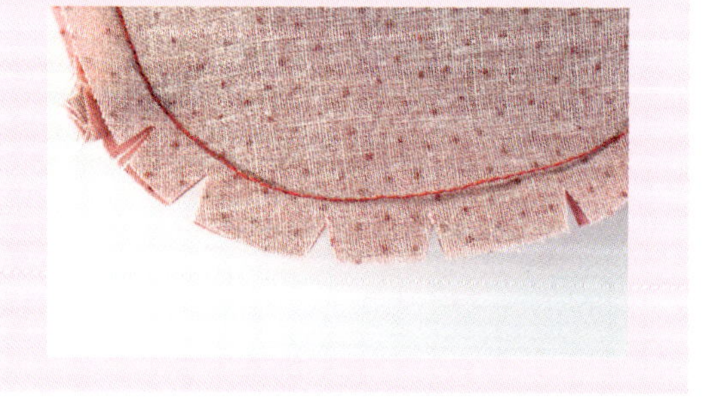

9 Die Katze durch die Wendeöffnung wenden und kuschelig mit Watte füllen.

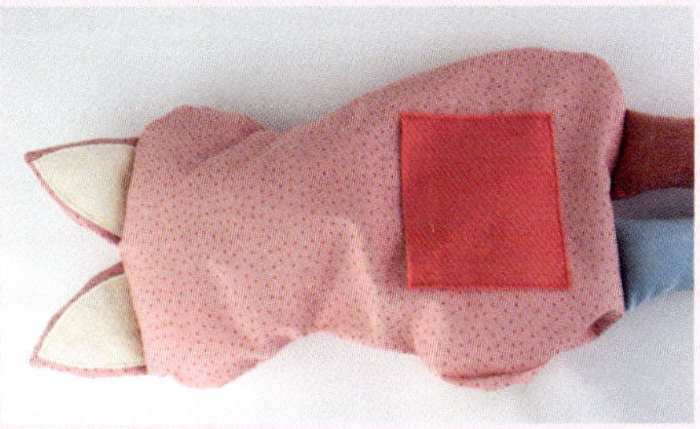

10 Schiebe die Nahtzugabe an der Öffnung nach innen und nähe sie mit kleinen Überwendlingsstichen zu.

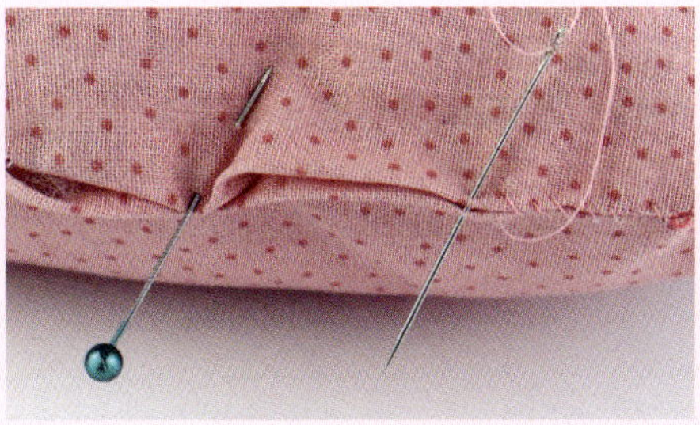

11 Die Nahtzugabe an den offenen Kanten der Arme und des Schwanzes 1 cm breit nach links falten. Stecke dann die Arme seitlich an den Katzenkörper, den Schwanz an die Rückseite. Nähe alle drei Teile mit Überwendlingsstichen fest.

12 Für das Gesicht klebst du die Schnauze aus Filz auf und malst die Augen, den Mund und die Barthaare mit dem Stoffmalstift in Schwarz auf.

TIPP

Wenn du nicht so viele verschiedene Stoffe in deiner Restekiste hast, kannst du auch die ganze Katze aus einem Stoff nähen. Du brauchst dafür ca. 30 cm x 100 cm Stoff. Besonders kuschelig wird die Katze, wenn du sie aus Plüsch oder Fleece nähst.

ICH STICKE MIR DIE WELT, WIE SIE MIR GEFÄLLT.

Für alle, die nicht genug bekommen können, gibt es noch digital zusätzliche Modelle.

STICKEN

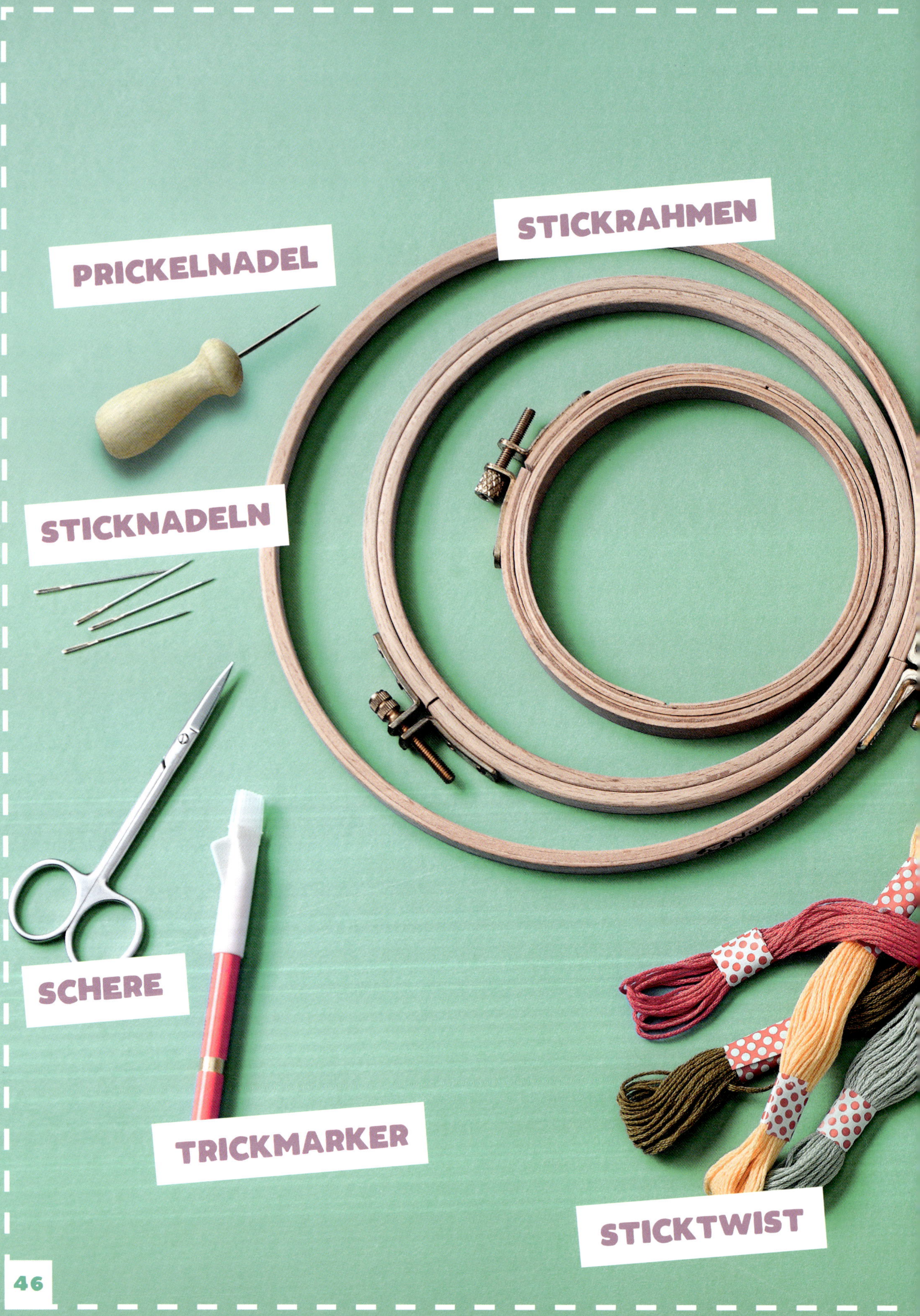

STICKRAHMEN
PRICKELNADEL
STICKNADELN
SCHERE
TRICKMARKER
STICKTWIST

STOFFE

GRUNDAUSSTATTUNG

NADELN

Es gibt Sticknadeln mit Spitze und ohne Spitze. Die Nadeln mit Spitze benutzt du zum Sticken auf Baumwoll- oder Leinenstoffen. Bei dem Sticken auf Zählstoffen verwendest du die Nadeln ohne Spitze. Achte darauf, Nadeln mit etwas größerem Nadelöhr zu kaufen, dann lässt sich der Sticktwist besser einfädeln.

SCHERE

Mit einer kleinen Stickschere kannst du die Fadenenden dicht am Stoff abschneiden. Eine Stoffschere brauchst du zum Zuschneiden der zu bestickenden Stoffe.

STICKTWIST

Sticktwist besteht aus 6 dünnen Fäden. Je nach Modell benutzt du den ganzen Faden oder nur ein paar Fäden davon.

TRICKMARKER

Mit einem Trickmarker kannst du die Stickvorlagen auf den Stoff übertragen. Die Farbe verblasst nach einiger Zeit von selbst.

STOFFE

Baumwollstoffe, Leinen und Filz eignen sich gut für die freie Stickerei. Auf karierten Baumwollstoffen kann man gut Motive mit Kreuzstichen aufsticken.

STICKRAHMEN

Ein Stickrahmen besteht aus zwei Holzringen. Der äußere Ring ist verstellbar. Es gibt Stickrahmen in verschiedenen Größen. Dein Stoff muss immer etwas größer als der Rahmen sein.

SOLUFIX

Solufix ist ein selbstklebendes Vlies zum Besticken, das sich nach dem Sticken auswaschen lässt. Das Motiv mit Bleistift auf Solufix übertragen, auf den Stoff kleben und besticken. Danach das Vlies mit etwas Wasser auswaschen.

PRICKELNADEL

Mit einer Prickelnadel kannst du dir z. B. in Papier Löcher zum Sticken vorstechen. Solltest du keine Prickelnadel besitzen, kannst du dafür auch einen Nagel oder eine Stricknadel benutzen.

SCHRITT FÜR SCHRITT

Bei jedem Modell im Buch brauchst du nur einige Stiche zu können. Am besten übst du die passenden Stiche auf einem Stoffrest, bevor du richtig loslegst.

VORBEREITEN

Motiv übertragen

Lege ein Stück Solufix auf das Motiv auf dem Vorlagebogen und pause es mit einem weichen Bleistift ab. Lege das selbstklebende Solufix auf den Stoff. Wenn du kein Solufix hast, kannst du die Motive auch mit einem Trickmarker oder sehr dünn mit Bleistift vorzeichnen.

Stoff in den Stickrahmen spannen

Lege den inneren Ring auf den Tisch und den Stoff mit der schönen Seite nach oben darauf. Den äußeren Ring vorsichtig über den inneren Ring drücken. Ziehe den Stoff dabei schön straff, damit er glatt liegt, und ziehe die Schraube am Stickrahmen fest an.

Faden einfädeln

Schneide ein Stück Faden ab, das etwas länger als dein Unterarm ist. Je nachdem, wie vielfädig du sticken möchtest, teilst du ihn in einzelne Fäden ein. Nimm dann ein Fadenende zwischen die Fingerspitzen von Daumen und Zeigefinger und schiebe es vorsichtig durch das Nadelöhr. Ziehe den Faden etwa 10 cm lang hindurch und mache einen Knoten in das Fadenende.

STICKSTICHE

Vorstich

Der Vorstich ist der einfachste Stich. Stich von unten durch den Stoff und ca. 5 mm daneben von oben wieder zurück. Arbeite so in gleichen Abständen weiter.

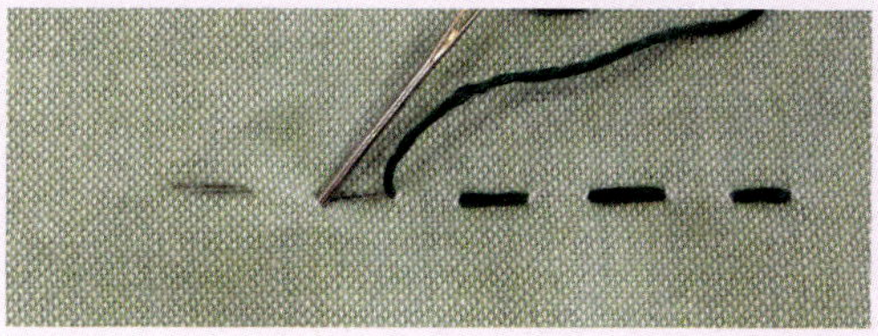

Rückstich

Dieser Stich ergibt eine durchgezogene Linie. Von unten ausstechen, etwa 5 mm daneben wieder einstechen und nach der doppelten Stichlänge, also 10 mm, wieder in Gegenrichtung ausstechen. Die nächsten Stiche jeweils am letzten Stich einstechen und mit doppelter Stichlänge ausstechen.

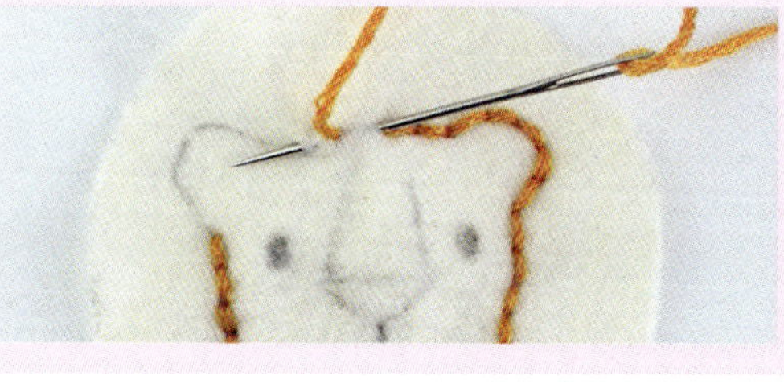

Streustich

Dieser Stich besteht aus locker verstreuten Vorstichen.

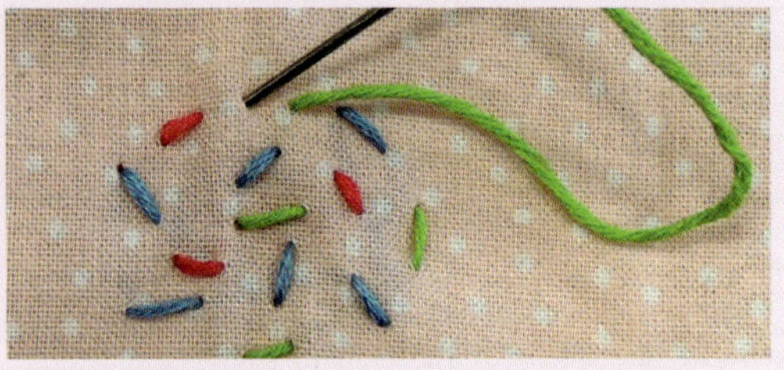

Spannstich

Spannstiche eignen sich gut, um Applikationen aufzunähen. Dafür stichst du abwechselnd von unten durch den Stoff und von oben dicht neben dem Stoffrand durch die Applikation zurück. Außerdem kannst du große Spannstiche als Verbindung sticken, zum Beispiel um Felder damit auszufüllen (siehe Löwennase).

Kettenstich

Die Nadel ausstechen, den Faden zur Schlaufe legen und wieder dicht neben dem Ausstichloch einstechen. Den Faden nicht komplett durchziehen. Stich die Nadel nun etwas weiter links innerhalb der Schlaufe aus und außerhalb der Schlaufe wieder ein. Den Faden vorsichtig anziehen. Die letzte Schlaufe mit einem kurzen Spannstich fixieren.

Knötchenstich

Von unten durch den Stoff ausstechen. Den Faden mit einer Hand straff spannen und die Nadel zwei- oder dreimal um den Faden legen. Dann die Nadel möglichst dicht am Ausstichloch wieder einstechen und den Faden vorsichtig durch die Schlingen ziehen. Auf dem Stoff bleibt ein Knötchen zu sehen.

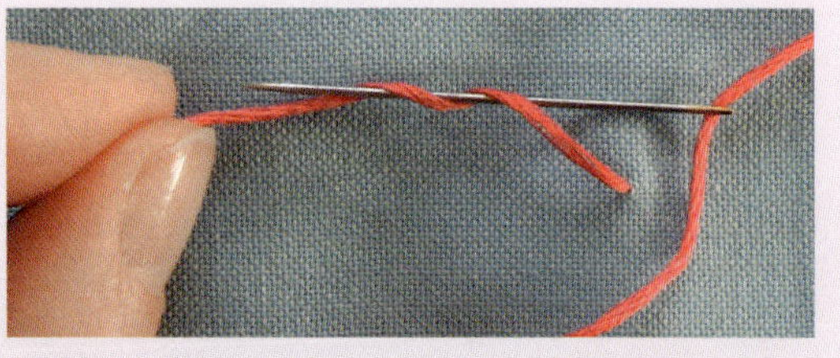

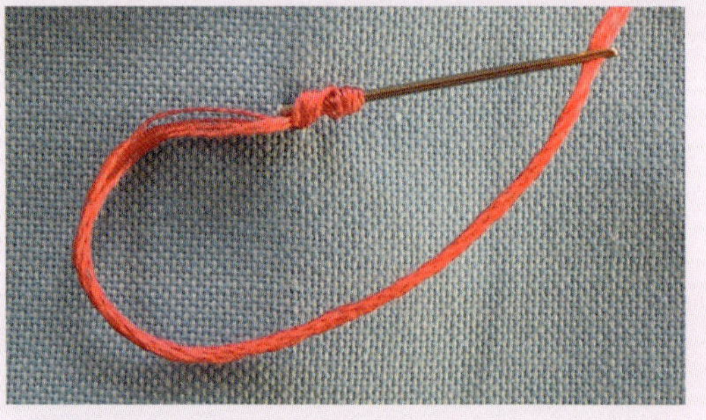

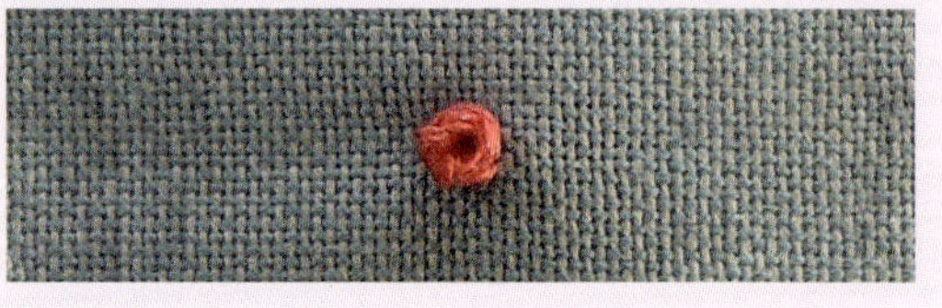

Margeritenstich

Für einen Margeritenstich erst von unten aus dem Stoff ausstechen und den Faden zu einer Schlinge legen. Stich wieder in das Ausstichloch ein. Fixiere das Schlaufenende mit einem kleinen Spannstich. Für eine ganze Margerite stickst du fünf dieser Stiche von einem Punkt ausgehend.

Überwendlingsstich

Diesen Stich verwendest du, um zwei Stofflagen miteinander zu verbinden. Stich immer von einer Seite durch beide Stoffe und nähe sie so zusammen (siehe S. 19).

Einzelner Kreuzstich

Jeder Kreuzstich besteht aus einem Grundstich und einem sogenannten Deckstich. Den Grundstich von rechts unten nach links oben sticken, darüber den Deckstich von links unten nach rechts oben sticken.

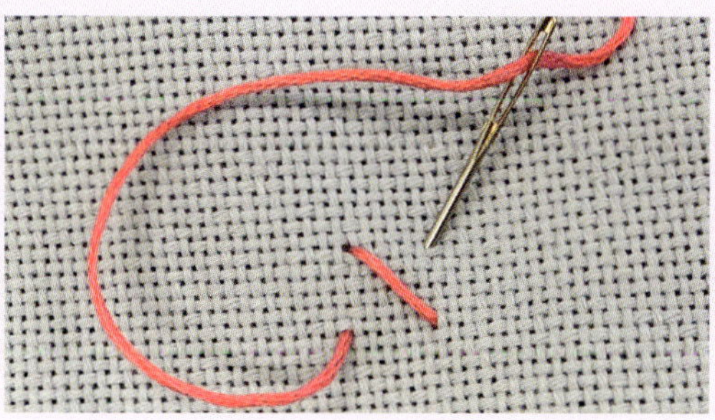

Kreuzstiche in Reihen

Bei mehreren Kreuzstichen in einer Reihe zuerst alle Grundstiche sticken, anschließend die Deckstiche sticken. Dann die nächste Reihe beginnen.

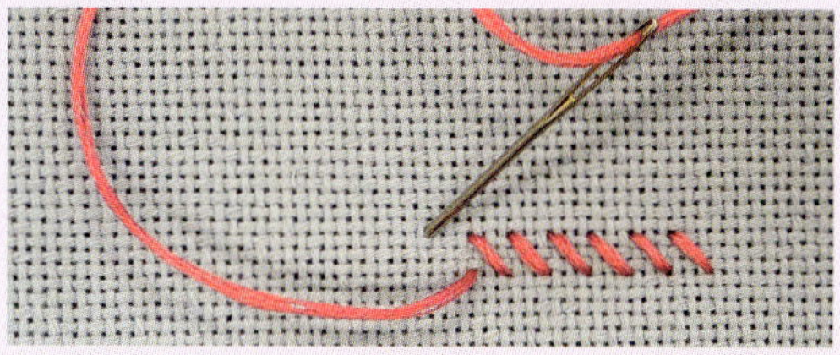

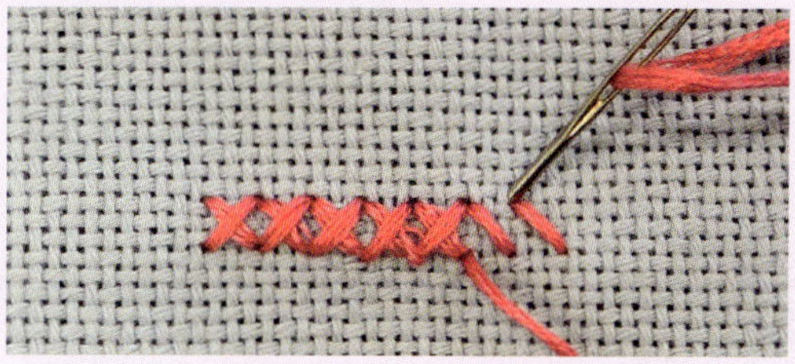

Sternchenstich

Für Sternchenstiche stickst du zuerst ein „Plus“ wie beim einzelnen Kreuzstich. Sticke anschließend die beiden Diagonalen. Etwas leichter geht es, wenn du dir vorher die Striche für dein Sternchen aufzeichnest.

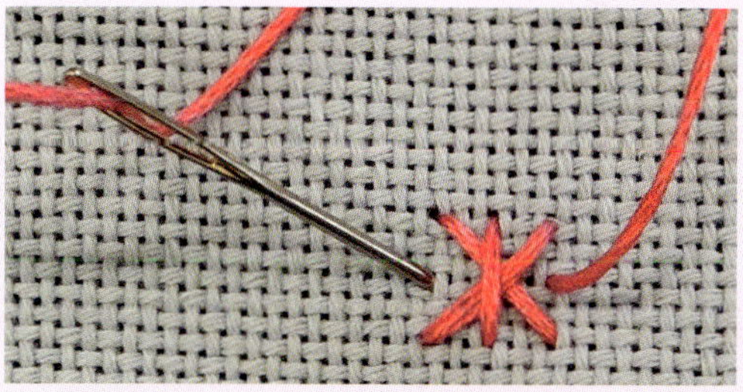

MATERIAL

- Solufix, 18 cm x 20 cm
- T-Shirt in Weiß
- Stickrahmen
- Sticktwist in Dunkelblau
- spitze Sticknadel

Vorlage auf Bogen A

TIPP

Wenn dein Stickrahmen nicht groß genug ist, um den ganzen Schriftzug darin einzuspannen, spannst du ihn immer einzeln um den Buchstaben, den du gerade nachstickst.

T-SHIRT MIT SCHRIFTZUG

T-SHIRT

1 Lege das Solufix auf die Schrift-Vorlage und pause sie mit einem Bleistift ab. Anschließend ziehst du das Trägerpapier ab und klebst das Solufix unterhalb des Halsausschnittes mittig auf die Vorderseite deines T-Shirts.

2 Spanne den Bereich mit der Schrift in den Stickrahmen ein.

3 Jetzt beginnst du, die Buchstaben mit Kettenstichen nachzusticken.

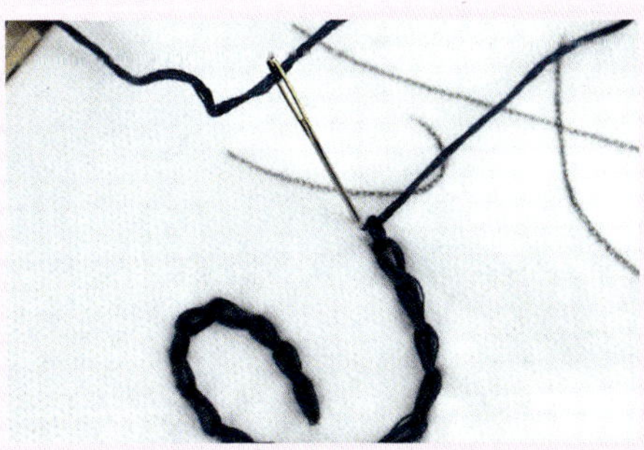

4 Am Ende jedes Buchstabens das Fadenende auf der Stoffunterseite verknoten und abschneiden.

5 Das Pünktchen des Ausrufezeichens stickst du mit einem Knötchenstich nach.

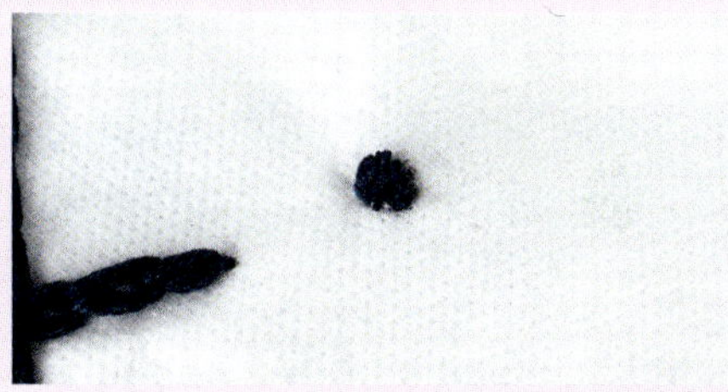

6 Wenn du alle Buchstaben und das Ausrufezeichen gestickt hast, nimmst du den Stickrahmen wieder ab. Anschließend das Solufix mit etwas kaltem Wasser auswaschen und das T-Shirt trocknen lassen.

MATERIAL

Herzarmband

- Filz in Dunkelblau, 1 mm stark, 3,5 cm x 20 cm
- Filz in Petrol, 1 mm stark, 2 cm x 20 cm
- Filz in Rot und Rosa, jeweils, 1 mm stark, 4 cm x 15 cm
- Sticktwist in Petrol und Rosa
- spitze Sticknadel
- 1 Knopf in Rosa, ø 1 cm

Blumenarmband

- Filz in Petrol, 1 mm stark, 3,5 cm x 20 cm
- Filz in Hellgrün und Dunkelgrün, 1 mm stark, jeweils 5 cm x 12 cm
- Filz in Rosa, 1 mm stark, 5 cm x 15 cm
- Filz in Gelb, 1 mm stark, 2 cm x 6 cm
- Sticktwist in Gelb, Grün und Blau
- spitze Sticknadel
- 1 Knopf in Rosa, ø 1 cm

ZUSCHNEIDEN

Herzarmband

- Filz in Rot: 3x großes Herz
- Filz in Rosa: 5x kleines Herz

Blumenarmband

- Filz in Rosa: 3x Blume
- Filz in Gelb: 3x Blüten-Kreis
- Filz in Hellgrün: 3x Blatt
- Filz in Dunkelgrün: 2x Blatt

Vorlage auf Bogen A

HERZARMBAND

1 Lege den Streifen in Petrol mittig auf den Filzstreifen in Dunkelblau und sticke ihn rundherum mit Vorstichen fest.

2 Jetzt legst du alle Herzen wie abgebildet auf das Armband. Links und rechts lässt du jeweils 3 cm Platz für den Knopf und das Knopfloch. Sticke die großen Herzen rundum mit kleinen Vorstichen fest. Anschließend befestigst du die kleinen Herzen, indem du jeweils zwei einzelne Margeritenstiche in die Mitte stickst.

3 Nähe an eine Seite des Armbandes den Knopf. Dann probierst du die Länge des Armbandes aus und kürzt es eventuell etwas. In die andere Seite schneidest du mit einer spitzen Schere ein Knopfloch, das dem Durchmesser des Knopfes entspricht.

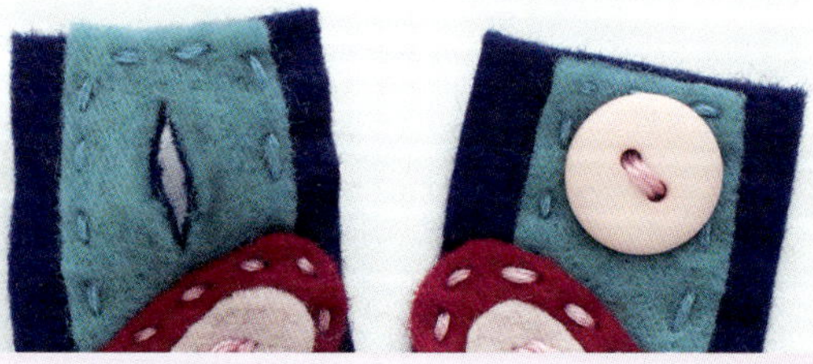

Weiter auf Seite 56

ARMBÄNDER

BLUMENARMBAND

1 Zeichne dir die Blattadern mit einem Bleistift auf den Blättern vor. Dann stickst du zuerst die mittlere Blattader mit Rückstichen nach. Anschließend die seitlichen Adern mit einzelnen Vorstichen sticken.

2 Zeichne bei den Blumen in jedes Blütenblatt drei kleine Striche ein, die du mit einzelnen Vorstichen nachstickst.

3 Platziere die Blätter locker verteilt auf dem Armband in Petrol. Lass dabei links und rechts an dem Armband 3 cm Platz für den Knopf und das Knopfloch. Befestige die Blätter jeweils an den unteren Enden mit einigen auf der Stelle gestickten Vorstichen.

4 Jetzt legst du die Blüten-Kreise mittig auf die Blüten und stickst sie jeweils mit einem Kreuzstich fest.

5 Nähe an eine Seite des Armbandes den Knopf, dann probierst du die Länge des Armbandes aus und kürzt es eventuell etwas.
In die andere Seite schneidest du mit einer spitzen Schere ein Knopfloch, das dem Durchmesser des Knopfes entspricht.

KUNST FÜR DIE WAND

KUNST FÜR DIE WAND

1 Lege den inneren Ring auf den Tisch und den Stoffkreis mit der schönen Seite nach oben darauf. Den äußeren Ring vorsichtig über den inneren Ring drücken. Den Stoff schön glätten und die Schraube am Stickrahmen fest anziehen.

2 Pause die Vorlage für die Schrift mit einem Bleistift auf das Solufix ab. Anschließend das Trägerpapier abziehen und das Solufix mit der Schrift mittig auf den Stoff aufkleben.

3 Sticke die einzelnen Striche der Buchstaben mit Rückstichen nach. An einigen Stellen wirken die Buchstaben etwas dicker, an anderen etwas dünner. Verknote die Fäden nach jedem Buchstaben auf der Rückseite.

4 Wenn du die Buchstaben gestickt hast, nimmst du den Stoff aus dem Stickrahmen und wäschst das Solufix mit etwas Wasser aus. Den Stoff anschließend gut trocknen lassen und wieder in den Rahmen einspannen.

5 Das Herz legst du unterhalb der Schrift mittig auf den Stoff und stickst es mit Spannstichen fest. Dafür abwechselnd von unten durch den Filz stechen und die Nadel von oben durch den Stoff zurückführen.

TIPP

Du kannst dir auch eigene Schriftzüge für deine Stickerei ausdenken. Wie wäre es z. B. mit deinem Namen als Türschild? Oder „crazy for crafts"? Besonders individuell sieht es aus, wenn du deine eigene Handschrift nachstickst. Falls du es gern farbenfroh magst, kannst du auch einen farbigen oder gemusterten Stoff als Grundlage verwenden.

6 Sticke oben rechts im Rahmen locker verteilt drei Herzen. Hierfür stickst du immer jeweils zwei einzelne Margeritenstiche nebeneinander.

7 Um den überstehenden Stoffrand hinter den Rahmen zu spannen, umstickst du den Rand rundherum mit großen Vorstichen. Den Faden am Ende nicht vernähen.

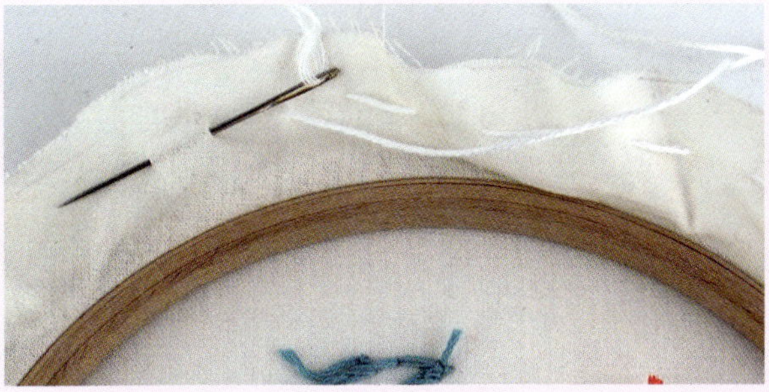

8 Ziehe den Endfaden fest an, um den Stoff zusammenzuziehen, und vernähe ihn anschließend.

9 Zuletzt kannst du noch die Borte an der Schraube des Rahmens mit einem Knoten befestigen. Verknote auch die Bandenden miteinander, um den Rahmen aufhängen zu können.

MATERIAL

- Baumwollstoff in Naturweiß, 25 cm x 25 cm
- Stickrahmen, ø 17 cm
- Solufix, 10 cm x 15 cm
- Sticktwist in Mittelblau und Rot
- spitze Sticknadel
- Filz in Hellrot, 1 mm stark, 4 cm x 4 cm
- Stickborte in Naturweiß, 15 mm breit, 50 cm lang

ZUSCHNEIDEN

- Baumwollstoff: 1x Kreis
- Filz: 1x Herz

Vorlage auf Bogen A

KARTE MIT HERZ

1 Pause die Pünktchen-Vorlage für das Herz auf Papier ab. Falte die Karte auf und befestige die Vorlage mit zwei Büroklammern auf der vorderen Kartenseite. Lege eine weiche Unterlage aus Filz oder ein altes Handtuch zwischen die Karte und stich die Pünktchen mit einer Prickelnadel nach.

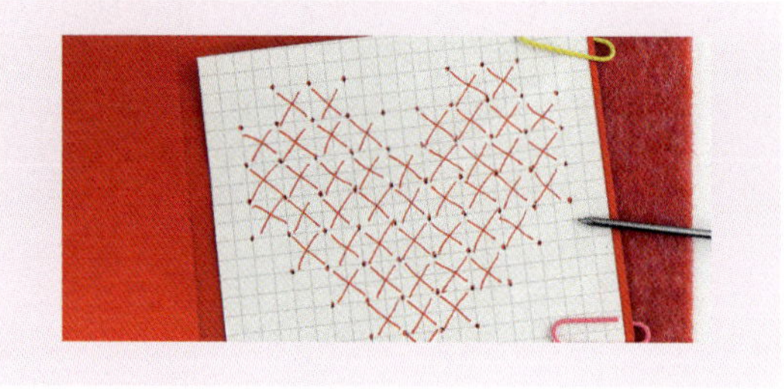

2 Sticke das Herz mit Kreuzstichen in Reihen nach. Beginne in der oberen Reihe von rechts nach links mit den Grundstichen.

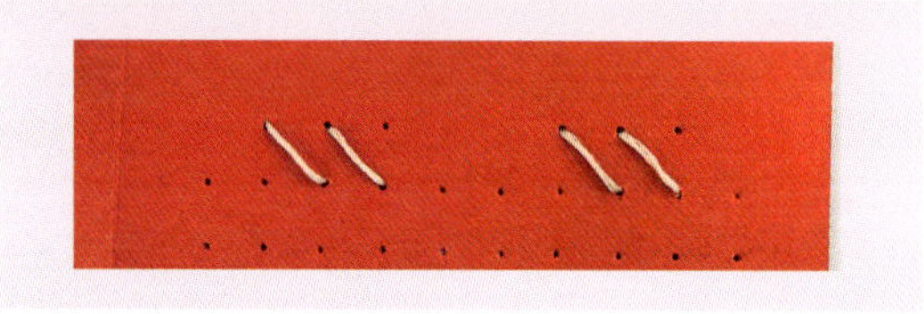

3 Sticke die Deckstiche, um insgesamt vier Kreuze für die obere Reihe zu erhalten.

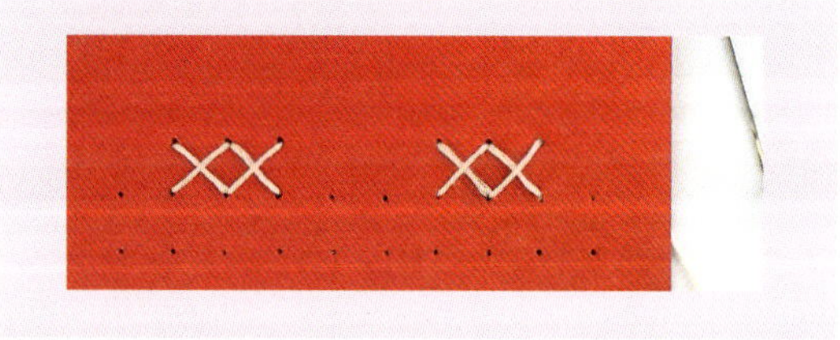

4 Jetzt stickst du in der Reihe darunter von rechts anfangend vier Grundstiche. Lass dann einen Grundstich frei und sticke daneben weitere vier Grundstiche.

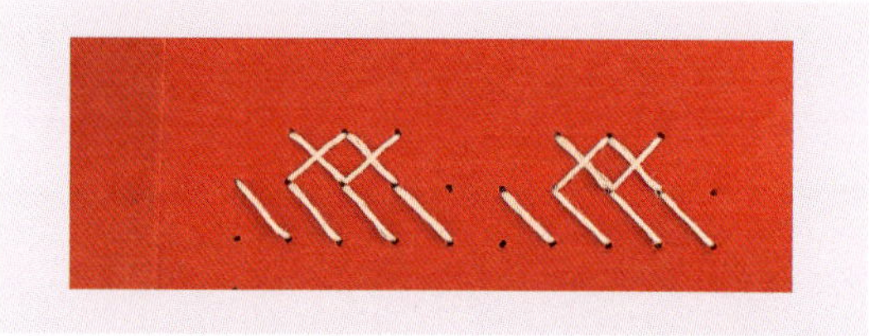

5 Von links nach rechts die passenden Deckstiche sticken.

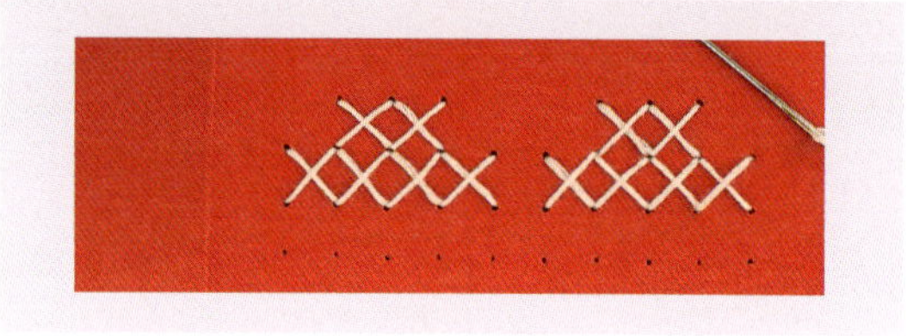

6 Wenn dein Faden aufgebraucht ist, legst du auf der Kartenrückseite eine Schlaufe und ziehst die Nadel samt Faden vorsichtig fest.

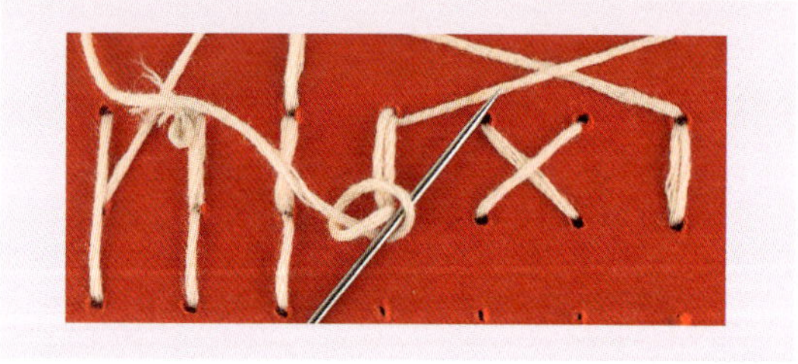

7 Sticke die restlichen Reihen erst mit Grund- und anschließend mit Deckstichen nach.

8 Zuletzt streichst du die Bandrückseite mit Kleber ein und befestigst das Band mit 1 cm Abstand zur unteren Kante auf der Kartenvorderseite.

MATERIAL

- 1 Faltkarte in Rot, 17 cm hoch, 13 cm breit
- Prickelnadel oder Nagel
- Sticktwist in Hellrosa
- stumpfe Sticknadel
- Webband mit Herzen, 15 mm breit, 35 cm lang
- Bastelkleber

Vorlage auf Bogen A

KARTE MIT HERZ

EINHORNKISSEN

EINHORNKISSEN

1 Lege das Solufix auf die Einhorn-Vorlage und pause sie mit einem Bleistift ab. Anschließend ziehst du das Trägerpapier ab und klebst das Solufix mittig auf die Vorderseite deines Kissenbezuges.

2 Spanne zuerst das Gesicht des Einhorns in den Stickrahmen ein. Beim Sticken greifst du nun durch die Öffnung des Bezugs zwischen die beiden Stofflagen.

Weiter auf Seite 64

MATERIAL

- Kissenbezug aus Baumwolle in Naturweiß mit Hotelverschluss, 36 cm x 39 cm
- Solufix, 30 cm x 30 cm
- Stickrahmen
- Sticktwist in Helltürkis, Hellblau, Dunkelblau und Schwarz für den Kopf
- Sticktwist in drei verschiedenen Rosatönen für die Mähne
- Sticktwist in Rosa und Rot für das Horn und die Sternchen
- spitze Sticknadel

Vorlage auf Bogen B

3 Jetzt beginnst du, mit dem Sticktwist in Hell-türkis die Kopf- und Halskonturen, die unteren Augenbögen, das Nasenloch und die Außen-ohrlinien des Einhorns mit Rückstichen nach-zusticken. Löse zwischendurch immer wieder den Stickrahmen und spanne ihn über die zu stickenden Bereiche.

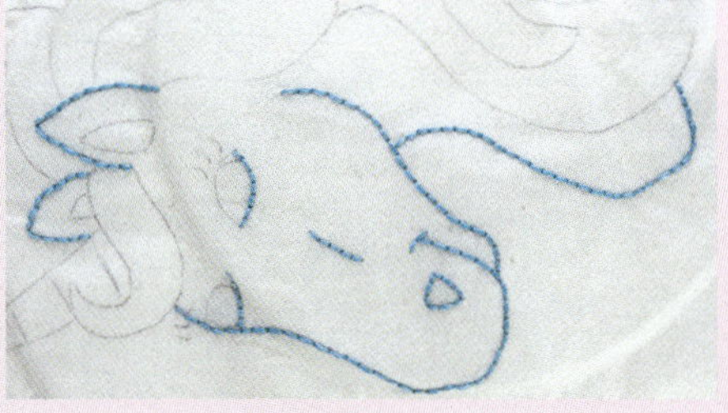

4 Sticke die Innenohrlinien mit dem Sticktwist in Hellblau nach. Die oberen Augenbögen stickst du in Dunkelblau, die Augenkreislinien in Schwarz.

5 Nun die einzelnen Strähnen der Mähne ab-wechselnd in den drei Rosatönen aufsticken.

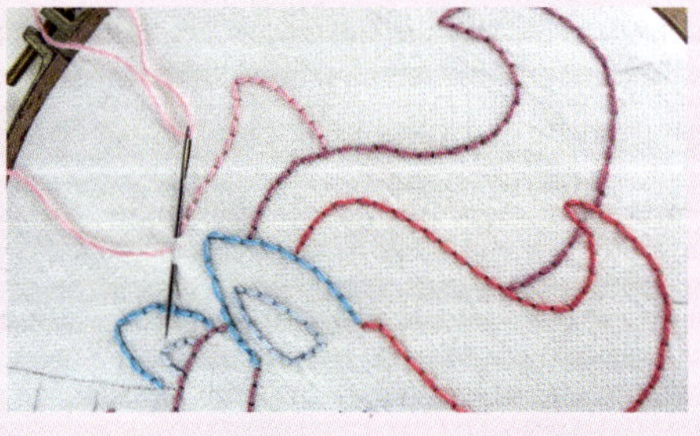

6 Sticke die Konturen und die Querlinien des Horns in Rot nach und fülle die Felder ab-wechselnd mit roten und rosafarbenen Spannstichen aus.

7 Die Pupillen in Helltürkis mit Sternchen-stichen aufsticken.

8 Als Letztes stickst du locker verteilt einige Sternchenstiche in Rosa auf den Bezug.

ANHÄNGER LÖWE

MATERIAL

- Filz in Naturweiß, 1 mm stark, 8 cm x 15 cm
- Sticktwist in Schwarz, Hellorange und Orange
- spitze Sticknadel
- Bastelkleber
- 1 Karabiner in Silber mit Kette, 4 cm groß

ZUSCHNEIDEN

- Filz in Naturweiß: 2x Kreis

Vorlagen auf Bogen B

ANHÄNGER LÖWE

1 Übertrage die Vorlage für den Löwen dünn mit Bleistift auf den Filzkreis. Sticke dann die Kontur des Gesichts mit dem Sticktwist in Orange mit Rückstichen nach.

2 Sticke den Mund in Rückstichen nach, die Schnauze in drei Spannstichen.

3 Fülle die Schnauze mit Spannstichen aus. Die Augen stickst du mit jeweils drei dicht nebeneinanderliegenden Spannstichen auf.

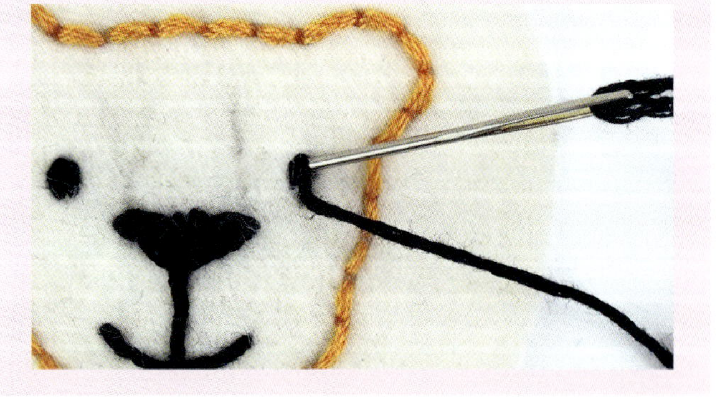

4 Jetzt fädelst du einfädigen Sticktwist in Schwarz in eine Nähnadel ein und stickst die Konturen der Nase mit Rückstichen.

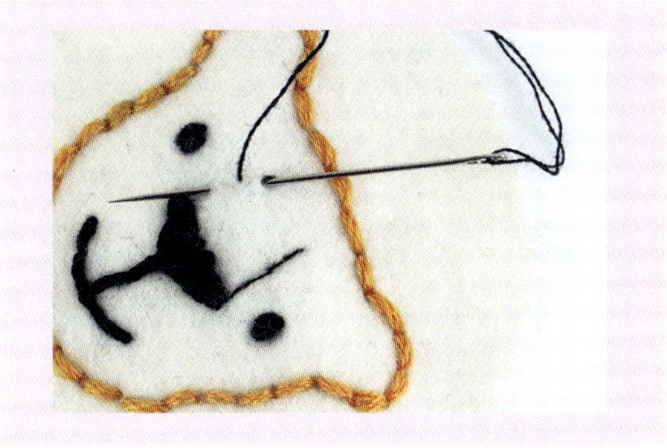

5 Für die Mähne stickst du lange Spannstiche in Orange, jeweils ausgehend von der Gesichtsumrandung nach außen zum Filzrand.

6 Sticke mit einfädigem Sticktwist in Schwarz jeweils zwei Spannstiche für Barthaare links und rechts von der Schnauze.

7 Befestige den Schlüsselring an dem Anhänger, indem du die Nadel mehrmals erst durch den Schlüsselring ziehst und dann durch den Filzrand stichst und verknotest.

8 Klebe zuletzt den zweiten Filzkreis auf die Rückseite des Anhängers, damit man die Stickfäden nicht mehr sieht.

ALSO IM DUDEN KOMMT HÄKELN VOR HAUSAUFGABEN.

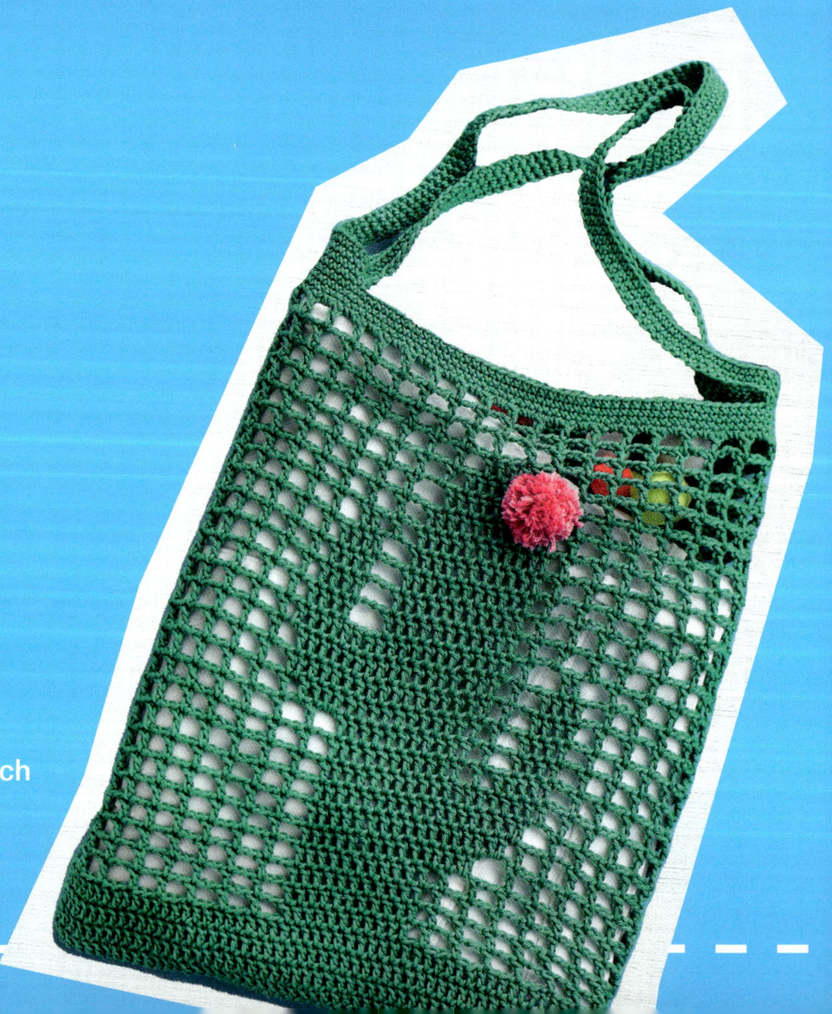

Für alle, die nicht genug bekommen können, gibt es noch digital zusätzliche Modelle.

HÄKELN

SCHERE
MASCHENMARKIERER
WOLLNADEL
FÜLLWATTE
STIFT

WOLLE
MASSBAND
HÄKELNADELN

GRUNDAUSSTATTUNG

WOLLE

Es gibt sehr viel Auswahl, wenn es um Garn bzw. Wolle geht. Diverse Qualitäten sowie Wollstärken sind von verschiedensten Herstellern erhältlich. Ob du auf Kunst-, Natur- oder Tierfaser zurückgreifst, kommt ganz auf deine persönliche Vorliebe an. Dazu wirst du im Fachgeschäft gut beraten.

Für Häkelanfänger empfiehlt es sich, mit einem Garn aus Baumwolle oder Polyacryl (Wollstärke 3–4), zu häkeln. Ist die Wolle zu dünn, wird es für Beginner meist schwierig. Auch sollte die Wolle glatt sein, damit du die Maschen gut erkennen kannst. Häkelst du schon länger, kannst du natürlich mit jeglicher Wolle deine Wunschprojekte gestalten.

BANDEROLE

Ein neues Wollknäuel ist immer von einer Banderole ummantelt, worauf alle wichtigen Angaben zum Garn stehen. Wenn du dir dieses Etikett gut durchliest, weißt du z. B., welche Häkelnadel du benötigst und ob du das fertige Häkelstück waschen kannst.

Folgende nützliche Informationen kannst du darauf u. a. finden:

- Name der Wolle und Hersteller/Marke
- aus welchem Material und welcher Faser bzw. Mischung das Garn besteht z. B. Baumwolle, Polyacryl, Merino, Mohair, Alpaka, Kaschmir u. v. m.
- das Gewicht des Knäuels sowie die Lauflänge. Übrigens, die Lauflänge gibt an, wie lang der Faden ist, wenn du ihn vom Knäuel abwickelst.
- Wasch- und Pflegehinweise
- für welche Nadelstärke die Wolle geeignet ist. Wenn eine Spanne angegeben ist (z. B. 3–4), kannst du eine Häkelnadel der Stärke 3, 3,5 oder 4 verwenden, abhängig davon, ob du eher fest oder locker häkelst.
- Die Maschenprobe gibt an, wie viele Maschen in Reihen gehäkelt ein Quadrat von 10 x 10 cm ergeben. Diese Angabe ist z. B. beim Häkeln von Kleidung sehr wichtig.
- Der Farbcode der Wolle sowie die Partienummer wird vom Hersteller vergeben. Der Code kennzeichnet die bestimmte Farbe und die Partie, aus welchem Farbbad das Knäuel stammt. Solltest du für ein Projekt mehrere Wollknäule der gleichen Farbe benötigen, achte auf die gleiche Partienummer. Ist diese nicht identisch, kann es zu geringfügigen Farbabweichungen kommen.

HÄKELNADELN

Der Markt für Häkelnadeln ist sehr vielfältig. Die Hakengröße (Kopf der Häkelnadel) ist entscheidend für die Nadelstärke. Die Größe der Häkelnadel steht im Normalfall auf der Häkelnadel im Griffbereich. Die gängigen Größen liegen zwischen 2 und 12. Die Nadeln unterscheiden sich insbesondere beim Material (Metall, Kunststoff, Bambus, Holz).

Welche Häkelnadel, besonders bezüglich des Griffes, die für dich am besten geeignete ist, ist eine sehr individuelle Entscheidung. Welches deine Lieblingshäkelnadel wird, findest du am besten mit Testen heraus.

WOLLNADEL

Die Wollnadel ist deutlich größer und dicker als eine normale Nähnadel und kennzeichnet sich durch ein großes Nadelöhr und eine etwas abgerundete Spitze aus. Mit ihr vernähst du Fäden oder nähst gehäkelte Einzelteile zusammen.

SCHERE

Die Schere ist ein absolutes Muss beim Häkeln, denn spätestens, wenn du mit deinem Projekt fertig bist, muss der Faden abgeschnitten werden.

MASCHENMARKIERER

Für manche Projekte ist es sinnvoll, sich bestimmte Maschen zu kennzeichnen, z. B. den Rundenanfang. Dies kannst du mit einem Maschenmarkierer machen. Alternativ kannst du auch einfach ein Stück andersfarbige Wolle nutzen oder eine Haarklemme.

STIFT

Du möchtest dir notieren, in welcher Reihe du gerade bist, bevor du dein Häkelprojekt zur Seite legst? Dazu brauchst du einen Stift und Notizzettel. Es gibt auch manuelle Maschen- bzw. Reihenzähler. Diese Anschaffung ist als Anfänger aber sicherlich nicht sofort notwendig.

MASSBAND

Das Maßband wird zum Abmessen von Körpermaßen (z. B. vom Kopfumfang, wenn du die Mütze häkelst) oder Häkelabschnitten genutzt.

FÜLLWATTE

Füllwatte wird u. a. zum Ausstopfen von Häkeltieren oder Puppen verwendet. Achte beim Kauf von Füllwatte darauf, dass diese waschbar ist und stopfe sie immer nach und nach in deine Häkelfiguren.
Alternative Füllmaterialien sind z. B. Kirschkerne, Linsen und Reis. Solltest du diese verwenden (z. B. im Projekt Hacky Sack), kannst du das Häkelprojekt nicht mehr waschen.

TIPP

Lege dir ein Heft an, in das du die Banderole von der verhäkelten Wolle einklebst und schreibe dazu, was du für ein Häkelprojekt damit gemacht hast. So kannst du jederzeit nachschauen, wie dein Häkelwerk zu waschen ist oder was du für eine Wolle verwendet hast, falls du die Wolle nachkaufen möchtest.

SCHRITT FÜR SCHRITT

ANFANGSSCHLINGE

Wickle den Faden um Zeige- und Mittelfinger. Dabei liegt das Fadenende vorn. Den Arbeitsfaden legst du nach hinten ab.

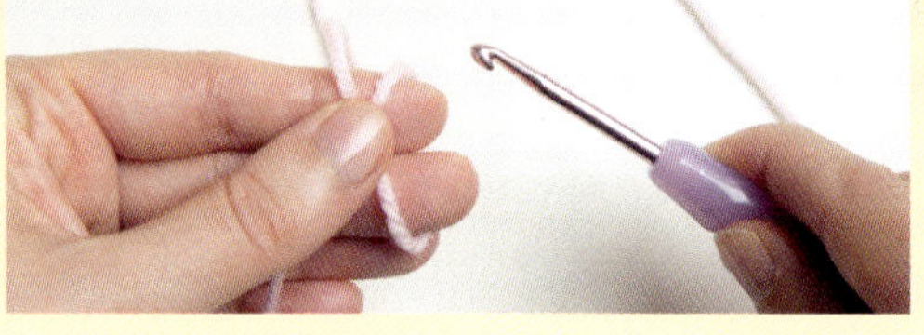

Hole mit der Häkelnadel den Arbeitsfaden durch den entstandenen Ring. Dabei ist es hilfreich, mit Daumen und Zeigefinger die Stelle zu fixieren, wo der Faden sich kreuzt.

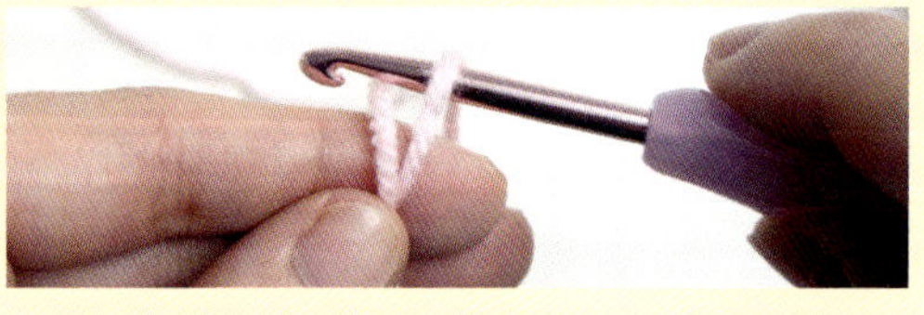

Im Anschluss an der Schlinge ziehen. Dabei entsteht ein regulierbarer Knoten. Die Schlinge nun auf die Häkelnadel nehmen und so eng ziehen, dass sie locker auf der Häkelnadel liegt.

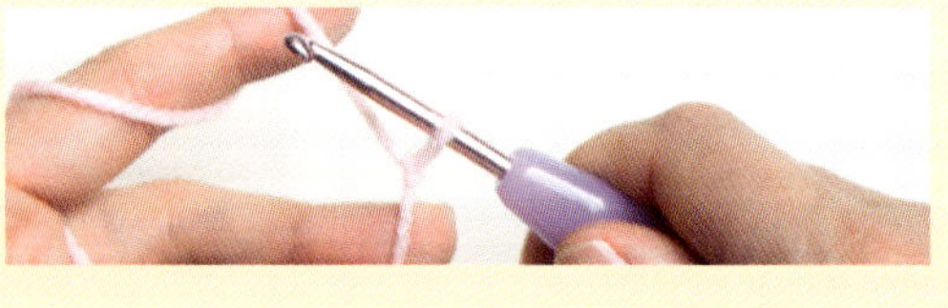

MAGISCHER RING

Der magische Ring ist auch bekannt als „Magic Loop“ oder „Fadenring“. Den Faden zur Schlinge legen …

… und mit der Häkelnadel durch die große Schlinge den Arbeitsfaden holen.

Den Kreuzungspunkt der Schlinge mit Mittelfinger und Daumen festhalten.

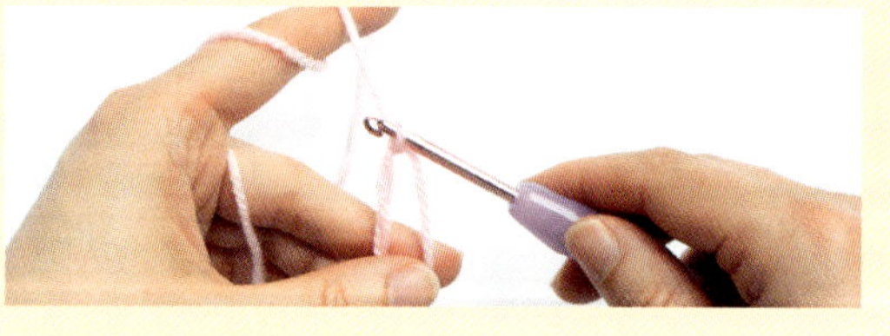

Hole nun erneut den Arbeitsfaden durch die kleine Schlinge, welche auf der Häkelnadel liegt.

Arbeite im Anschluss die erste Runde, wie in der Anleitung angegeben.

Hierbei häkelst du in den Kreis hinein bzw. um die beiden Fäden. Ziehe an dem Anfangsfaden, damit sich der magische Ring schließt.

Solltest du Probleme haben, den magischen Ring zu häkeln, kannst du auch einen Ring mit einer Luftmaschenkette arbeiten. Dieser ist aber deutlich weniger elastisch. Dazu häkelst du 3 Luftmaschen und schließt mit einer Kettmasche zum Kreis. Anschließend häkelst du die gewünschte Maschenzahl der 1. Runde in die Mitte.

HALTUNG DER HÄKELNADEL

Die zwei typischen Häkelnadelhaltungen sind

- Messerhaltung:
  Bei der Messerhaltung wird der Griff der Häkelnadel mit der rechten Hand wie ein Messer gehalten.

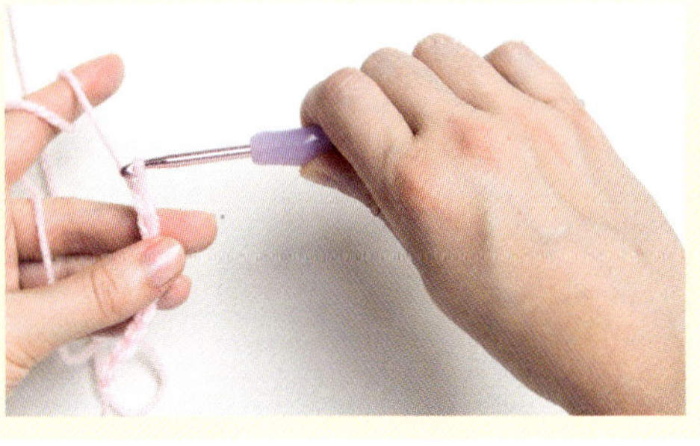

- Stifthaltung:
  Hier wird die Häkelnadel wie ein Stift in der rechten Hand gehalten.

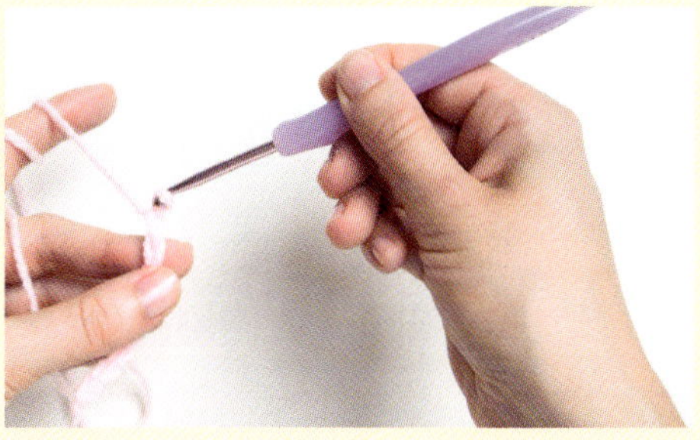

Es gibt keine bevorzugte Häkelnadelhaltung. Probiere einfach aus, welche Haltung dir besser liegt und womit du dich wohler fühlt.

FADENHALTUNG

Der fortlaufende Arbeitsfaden wird locker ein- bis zweimal, je nach Vorliebe, um den linken Zeigefinger gewickelt. Damit kann die Fadenspannung bestimmt werden und der Faden lässt sich leichter abhäkeln. Der Abstand zum Häkelwerk sollte nicht zu nah und nicht zu weit weg sein (ca. 5 cm).
Mit dem Daumen und Mittelfinger der linken Hand hältst du das Häkelstück fest. Die Häkelnadel ist in der rechten Hand in der Messer- oder Stifthaltung.

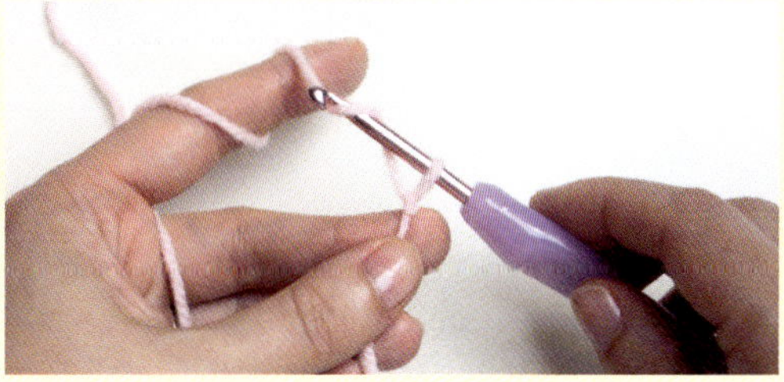

LUFTMASCHEN

Hole dir den Arbeitsfaden mit einem Umschlag auf den Haken. Ziehe den Umschlag durch die Anfangsschlinge auf die Häkelnadel, sodass eine neue Schlinge entsteht. Die Luftmasche bildet eine V-förmige Schlinge unter der Häkelnadel.

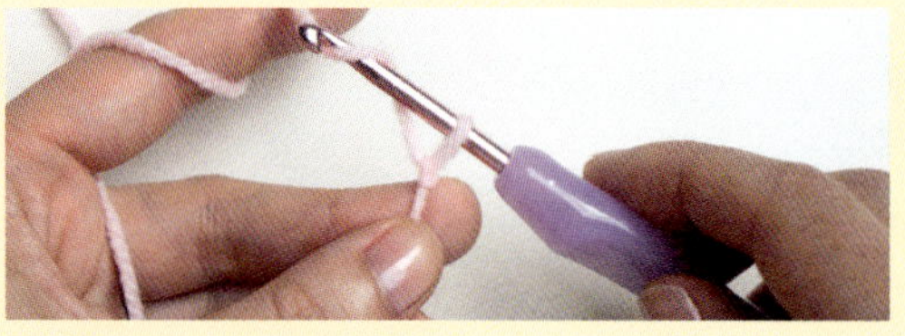

LUFTMASCHENKETTE

Wiederholst du die Luftmasche, so entsteht eine sogenannte Luftmaschenkette. Halte beim Luftmaschen häkeln die Kette mit dem linken Daumen und Zeigefinger unten fest, damit fällt es dir deutlich leichter. Achte darauf, die Luftmaschen gleichmäßig zu häkeln und die Kette nicht zu verdrehen.

WENDE- UND STEIGELUFTMASCHEN

Wende- und Steigeluftmaschen werden genauso wie normale Luftmaschen gehäkelt. Sie haben nur aufgrund ihres Einsatzzeitpunktes eine andere Bezeichnung. Eine Wendeluftmasche wird am Ende einer Reihe gehäkelt, um im Anschluss die Arbeit zu wenden und weiter in Reihen fortzufahren.

Häkelst du in Runden, startest du jede Runde mit Steigeluftmaschen, um auf die benötigte Höhe der nächsten Maschenart zu kommen.

Wie viele Wende- oder Steigeluftmaschen benötigt werden, ist abhängig von der Höhe der nächstfolgenden Masche.

Maschenart	Anzahl benötigter Steige-/Wendeluftmaschen
feste Masche	1
halbes Stäbchen	2
Stäbchen	3

FESTE MASCHEN

Für eine feste Masche stichst du mit der Häkelnadel in die nächste Einstichstelle. Hole den Arbeitsfaden durch die Masche von hinten nach vorn. Nun hast du zwei Schlingen auf der Häkelnadel.

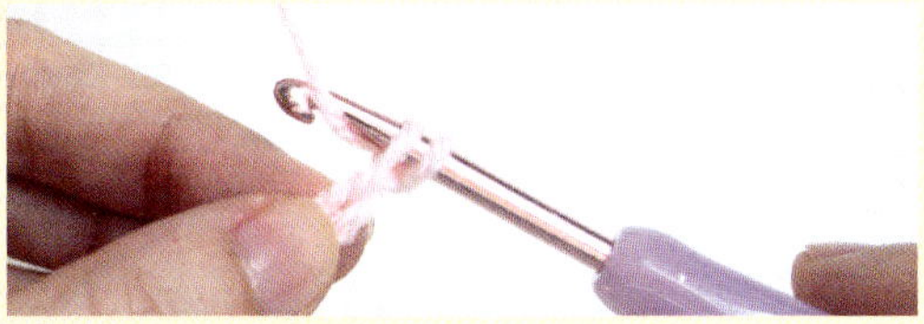

Arbeite einen Umschlag mit dem Arbeitsfaden und ziehe diesen durch die beiden Schlingen, welche auf der Nadel liegen. Der letzte Schritt wird auch als „abmaschen" bezeichnet.

KETTMASCHEN

Den Arbeitsfaden durch die Masche von hinten nach vorn holen und sofort weiter durch die Schlaufe auf der Nadel ziehen. Kettmaschen werden u. a. zum Verschließen von Runden, zum Versäubern und Festigen von Rändern oder zum Verbinden bzw. Zusammenhäkeln von zwei separaten Häkelteilen verwendet.

HALBES STÄBCHEN

Nimm einen Umschlag auf die Häkelnadel und stich in die nächste Masche ein. Hole dir den Arbeitsfaden mit einem Umschlag durch die Schlinge. Nun hast du drei Schlaufen auf der Nadel.

Arbeite erneut einen Umschlag mit der Häkelnadel und ziehe diesen durch alle drei Schlaufen.

STÄBCHEN

Nimm einen Umschlag auf die Nadel und stich in die nächste Masche. Hole dir den Arbeitsfaden mit einem Umschlag, sodass du drei Schlaufen auf der Nadel hast. Den Faden umschlagen und durch die ersten zwei Schlaufen durchziehen. Arbeite erneut einen Umschlag mit dem Arbeitsfaden und ziehe diesen durch die verbleibenden zwei Schlaufen.

MASCHEN ZUNEHMEN

Du nimmst Maschen zu, indem du zwei Maschen der zu häkelnden Maschenart in die exakt gleiche Masche (Einstichstelle) häkelst.

MASCHEN ABNEHMEN

Um Maschen abzunehmen, häkelst du deine Maschenart wie üblich, stoppst jedoch vor dem letzten Abmaschen. Auf den folgenden Fotos ist das Abnehmen am Beispiel mit Stäbchen dargestellt.
Vor dem letzten Abmaschen von Stäbchen liegen zwei Schlingen auf deiner Nadel.

Arbeite jetzt in die nächste Einstichstelle die nächste Masche.

Beim finalen Abmaschen ziehst du den Arbeitsfaden schließlich durch alle Schlingen, die auf der Häkelnadel liegen. Damit hast du zwei Maschen zusammengehäkelt.

FARB- BZW. KNÄUELWECHSEL

Farbwechsel innerhalb einer Reihe
Bevor du bei der letzten Masche in der alten Farbe das letzte Mal abmaschst, legst du eine Anfangsschlinge in der neuen Farbe auf die Nadel und ziehst diese durch alle Schlaufen, welche sich auf der Nadel befinden (dies kann eine oder mehrere sein, je nach Maschenart), um die Masche fertigzustellen.

Der kleine Knoten von der Anfangsschlinge fällt kaum auf und ist besonders für Anfänger praktisch, denn damit kann der Faden nicht entgleiten.

Nun mit der neuen Farbe weiter häkeln.

Die Restfäden kannst du entweder am Ende Vernähen oder direkt mit Einhäkeln. Beim Einhäkeln legst du nach dem Anschlingen der neuen Farbe die Restfäden direkt mittig auf die Maschen der Vorreihe in Häkelrichtung und umhäkelst diese mit den neuen Maschen laut Anleitung.

Farbwechsel in einer Runde oder am Anfang einer Reihe

Anfangsschlinge mit der neuen Farbe arbeiten und diese mit der Häkelnadel von vorne nach hinten durch die Masche ziehen.

Davor die notwendige Anzahl an Steigeluftmaschen häkeln, um auf die benötigte Höhe der nächsten Maschenart zu kommen. Anschließend mit der neuen Farbe weiter arbeiten.

FADEN SICHERN

Ein Endfaden wird immer gesichert, indem du den Faden abschneidest und das Ende durch die Arbeitsschlinge ziehst. Ziehe den Endfaden schön fest, dabei entsteht ein Knoten.

FÄDEN VERNÄHEN

Lose Fadenenden werden mit einer Sticknadel vernäht. Dabei wird das Fadenende in das große Nadelöhr eingefädelt und durch die Maschen der Rückseite der Arbeit geführt. So wird der Faden versteckt. Der Faden wird erst in die eine und dann in die entgegengesetzte Richtung vernäht, damit dieser sich nicht löst.

HÄKELKORB
AUS TEXTILGARN

HÄKELKORB

MATERIAL

für einen Korb mit 21 cm Durchmesser

- Häkelnadel Nr. 8
- Schachenmayr Cotton Jersey in Silber (Fb 00091), ca. 100 g
- Schachenmayr Fashion Cotton Jersey in Hummer (Fb 00036), ca. 20 g
- Wollnadel
- Schere

TIPP

Du kannst den Korb natürlich auch noch größer häkeln. Dazu musst du einfach nur den Korbboden größer arbeiten. Nimm nach dem gleichen Prinzip zusätzliche Maschen in weiteren Runden beim Bodenteil zu. Alles weitere kannst du mit angepasster Maschenanzahl nach dieser Anleitung häkeln.

1 Beginne mit einem magischen Ring in Silber und häkle 2 Luftmaschen sowie 6 halbe Stäbchen hinein. Im Anschluss ziehst du den magischen Ring zusammen und häkelst eine Kettmasche in das 1. halbe Stäbchen, um die Runde zu schließen.

2 **1. Runde:** 2 Steigeluftmaschen, dann 6x 2 halbe Stäbchen als Maschenzunahme häkeln(= 12 halbe Stäbchen). Schließe die Runde mit einer Kettmasche in das erste halbe Stäbchen.

2. Runde: 2 Steigeluftmaschen, dann 12x 2 halbe Stäbchen als Maschenzunahme häkeln (= 24 halbe Stäbchen). Schließe die Runde mit einer Kettmasche in das erste halbe Stäbchen.
3. Runde: 2 Steigeluftmaschen, dann 12x *1 halbes Stäbchen und 2 halbe Stäbchen als Maschenzunahme* immer abwechselnd häkeln (= 36 halbe Stäbchen). Schließe die Runde mit einer Kettmasche in das erste halbe Stäbchen.
4. Runde: 2 Steigeluftmaschen, dann im Wechsel 12x *2 halbe Stäbchen und 2 halbe Stäbchen als Maschenzunahme* häkeln (= 48 halbe Stäbchen). Schließe die Runde mit einer Kettmasche in das 1. halbe Stäbchen.

5. Runde: 2 Steigeluftmaschen, dann abwechselnd 12x *3 halbe Stäbchen und 2 halbe Stäbchen als Maschenzunahme* häkeln (= 60 halbe Stäbchen). Schließe die Runde mit einer Kettmasche in das 1. halbe Stäbchen.

6. Runde: Jetzt beginnst du den Rand zu häkeln. Dazu startest du mit 2 Steigeluftmaschen. Achtung: In dieser Runde häkelst du nur in das hintere Maschenglied, d. h. du stichst die Nadel nur in das hintere Maschenglied ein. Häkle 1 halbes Stäbchen in jede Masche und schließe die Runde mit einer Kettmasche in das 1. halbe Stäbchen (= 60 halbe Stäbchen).

7.–9. Runde: 2 Steigeluftmaschen, dann 1 halbes Stäbchen in jede Masche häkeln. Schließe die Runde mit einer Kettmasche in das 1. halbe Stäbchen der Runde (= 60 halbe Stäbchen).

10.–12. Runde: Schlinge beim Häkeln der letzten Kettmasche in Runde 9 die neue Farbe an. 2 Steigeluftmaschen, dann 1 halbes Stäbchen in jede Masche und zum Schluss 1 Kettmasche in das 1. halbe Stäbchen häkeln (= 60 halbe Stäbchen).

3 Schneide zum Schluss den Faden ab und sichere ihn. Vernähe alle End- und Anfangsfäden mit einer Wollnadel.

STIRNBAND

1 Messe zunächst mit einem Maßband deinen Kopfumfang, damit du weißt, wie lang deine Anfangsluftmaschenkette sein muss. Beginne damit, eine Luftmaschenkette zu häkeln und halte sie zur Kontrolle immer wieder an das Maßband oder schlinge sie direkt um deinen Kopf, damit du die passende Maschenanzahl für deinen Kopfumfang erhältst.

2 Schließe die Kette mit einer Kettmasche in die erste Luftmasche zur Runde. Passe dabei auf, dass sich die Luftmaschenkette nicht verdreht.

1. Runde: Häkle 2 Steigeluftmaschen und im Anschluss in jede Masche ein halbes Stäbchen.

Schließe die Runde mit einer Kettmasche in das erste halbe Stäbchen.

2.–6. Runde: Häkle pro Runde 2 Steigeluftmaschen und in jede Masche ein halbes Stäbchen. Bist du am Ende der 6. Runde angekommen, schneide den Endfaden noch nicht ab. Stattdessen ziehst du das gesamte restliche Wollknäuel durch die letzte Arbeitsschlinge und sicherst es.

3 Raffe nun das Stirnband an der Stelle, wo dein Endfaden ist und wickle diesen mehrmals straff um das Stirnband herum.

Wenn du zufrieden mit der Dicke deiner Wicklung bist, nimm dir deine Wollnadel zur Hand, schneide den Endfaden ab und verknote und vernähe diesen auf der Rückseite des Stirnbands.

MATERIAL

- Maßband
- Häkelnadel Nr. 7,5 (alternativ 7)
- Schachenmayr Boston Original, Mint (Fb 8359), ca. 40 g
- Wollnadel
- Schere

STIRNBAND

SCHLEIFE

1 Knote eine Anfangsschlinge und schlage 20 Luftmaschen an. Schließe die Luftmaschenkette zu einem Kreis und achte besonders darauf, dass sich die Luftmaschenkette nicht verdreht.

1. Runde: Häkle 1 Steigeluftmasche und anschließend 1 feste Masche in jeden Luftmaschenbogen. Schließe die Runde mit 1 Kettmasche in die 1. feste Masche.

2.–6. Runde: Häkle wie in Runde 1, sodass du insgesamt 6 Runden feste Maschen gehäkelt hast.

2 Sichere den Endfaden, indem du das gesamte Wollknäuel durch die letzte Arbeitsschlinge ziehst, d. h. du schneidest den Faden zu diesem Zeitpunkt noch nicht ab.

3 Falls du den Anfangsfaden nicht direkt mit eingehäkelt hast, kannst du diesen nun mit der Sticknadel vernähen.

4 Den Endfaden wickelst du straff einige Male um die Mitte, sodass eine Schleife entsteht. Zum Schluss den Faden abschneiden, sichern und vernähen.

Wenn du möchtest, kannst du hierbei noch einen Haargummi oder eine Brosche mit einwickeln.

SCHLEIFE

MATERIAL

- Häkelnadel Nr. 4
- Schachenmayr Bravo Original in Flieder (Fb 08190), ca. 5 g
- Schachenmayr Bravo Original in Rose (Fb 08206), ca. 5 g
- Schachenmayr Bravo Original in Candy (Fb 08305), ca. 5 g
- Wollnadel
- Schere
- Broschenrohling oder Haargummi

TIPP

Du kannst die Schleife natürlich noch in anderen Farben häkeln oder nur die Mitte mit einer anderen Farbe umwickeln. Auch die Größe kannst du anpassen, indem du mehr oder weniger Luftmaschen am Anfang häkelst. Beachte, dass du bei einer größeren Schleife ggf. die Reihenanzahl anpassen musst, damit die Proportionen passen.

MATERIAL

- Häkelnadel Nr. 3
- Schachenmayr Catania Original in Pfau (Fb 00146), ca. 20 g
- Reis für die Füllung
- Wollnadel
- Schere

TIPP

Beim Hacky Sack ist es besonders wichtig, sehr stramm und fest zu häkeln. Gelingt dir dies mit Nadelstärke 3 nicht, dann versuche es mit einer etwas kleineren Häkelnadel, zum Beispiel 2,5.

HACKY SACK

HACKY SACK

1 Starte mit einem magischen Ring in Pfau. Häkle 6 feste Maschen hinein und ziehe den Ring zusammen.

Ab sofort häkelst du nur feste Maschen in Runden. Markiere dir dazu immer die erste Masche einer neuen Runde mit einem Maschenmarkierer.

2. Runde: 6x 2 feste Maschen als Maschenzunahme häkeln (= 12 feste Maschen).
3. Runde: feste Maschen häkeln, jede 2. Masche dabei verdoppeln als Maschenzunahme (= 18 feste Maschen).
4. Runde: feste Maschen häkeln, jede 3. Masche dabei verdoppeln als Maschenzunahme (= 24 feste Maschen).
5. Runde: feste Maschen häkeln, jede 4. Masche dabei verdoppeln als Maschenzunahme (= 30 feste Maschen).
6.–9. Runde: Häkel nach diesem Prinzip bis einschließlich Runde 9 weiter (= 54 feste Maschen).
10.–17. Runde: Häkle 1 feste Masche in jede Masche (= 54 feste Maschen).
18. Runde: Häkle jede 8. und 9. Masche zusammen ab (= 48 feste Maschen)
19. Runde: Häkle jede 7. und 8. Masche zusammen ab (= 42 feste Maschen)
20. Runde: Häkle jede 6. und 7. Masche zusammen ab (= 36 feste Maschen)
21. Runde: Häkle jede 5. und 6. Masche zusammen ab (= 30 feste Maschen)
22. Runde: Häkle jede 4. und 5. Masche zusammen ab (= 24 feste Maschen)
23. Runde: Häkle jede 3. und 4.Masche zusammen ab (= 18 feste Maschen)
24. Runde: Häkle jede 2. und 3. Masche zusammen ab (= 12 feste Maschen)

Fülle den Hacky Sack mithilfe eines Trichters gut mit Reis, lass allerdings noch etwas Luft, damit man im Anschluss damit auch gut spielen kann.

2 Häkle in der letzten Runde die Maschen mit festen Maschen paarweise zusammen (= 6 feste Maschen).
Damit hast du am Ende noch 6 Maschen. Schneide den Endfaden ab, sichere ihn und schließe das Loch mithilfe der Wollnadel. Den Endfaden in das Innere des Hacky Sacks ziehen.

ALTERNATIVE

Du kannst den Hacky Sack auch zweifarbig häkeln. Wechsel dazu den Faden nach der 13. Runde. Im Bild wurden dafür die Farben Apfel und Silber verwendet.

CHAMÄLEON

MATERIAL

- Häkelnadel Nr. 3
- Wollnadel
- Schere
- Füllwatte
- dünner Draht (z. B. Blumenbindedraht)
- Schachenmayr Catania Color Originals in Afrika Color (Fb 0093), ca. 5 g
- Schachenmayr Catania Originals in Schwarz (Fb 00110), Rest

1 Du startest mit einem Magischen Ring und der Farbe afrika color. In diesen häkelst du 6 feste Maschen. Im Anschluss ziehst du den Magischen Ring zusammen. Ab sofort häkelst du nur feste Maschen in Spirale. Markiere dir dazu immer die erste Masche einer neuen Runde mit einem Maschenmarkierer.

2 **2. Runde:** 3x *1 feste Masche, 2 feste Maschen als Maschenzunahme* (= 9 feste Maschen).
3. Runde: 1 feste Masche in jede Masche (= 9 feste Maschen).
4. Runde: 3 feste Maschen, 3x 2 feste Maschen als Maschenzunahme, 3 feste Maschen (= 12 feste Maschen).
5. Runde: 1 feste Masche in jede Masche (= 12 feste Maschen).
6. Runde: 3 feste Maschen, 1 halbes Stäbchen, Achtung: nun nur in das vordere Maschenglied einstechen

4x 2 Stäbchen als Maschenzunahme häkeln, ab jetzt wieder in beide Maschenglieder häkeln, 1 halbes Stäbchen, 3 feste Maschen (= 16 Maschen).

Weiter auf Seite 92

CHAMÄLEON

7. Runde: 4 feste Maschen, die nächsten 4 festen Maschen häkelst du in das hintere Maschenglied der vorletzten Runde. Klappe dazu die Stäbchenzunahme nach vorn.

Weiter mit 4 festen Maschen in die Maschen der letzten Runde, d. h. in das halbe Stäbchen sowie den 3 festen Maschen aus Runde 6 (= 12 Maschen).

8. Runde: 4 feste Maschen, 4x 2 festen Maschen als Maschenzunahme), 4 festen Maschen (= 16 feste Maschen).

9. Runde: 6 feste Maschen, 4x 2 feste Maschen als Maschenzunahme), 6 feste Maschen
(= 20 feste Maschen).

10.-13. Runde: 1 feste Masche in jede Masche (= 20 feste Maschen).

14. Runde: 6 feste Maschen, nun abwechselnd *2 feste Maschen zusammen abmaschen als Maschenabnahme, 1 feste Masche* bis zum Rundenende
(= 15 feste Maschen).

15. Runde: 1 feste Masche in jede Masche (= 15 feste Maschen).

16. Runde: 5 feste Masche, 5x 2 feste Maschen zusammen abmaschen als Maschenabnahme (= 10 feste Maschen).

17.–18. Runde: 1 feste Masche in jede Masche (= 10 feste Maschen). Jetzt den Körper mit Füllwatte gut ausstopfen.

19. Runde: 2 feste Maschen zusammen abmaschen als Maschenabnahme, 4 feste Maschen, 2x 2 feste Maschen zusammen abmaschen als Maschenabnahme
(= 7 feste Maschen).

20. Runde: 1 feste Masche in jede Masche (= 7 feste Maschen).

21. Runde: 2 feste Maschen zusammen abmaschen als Maschenabnahme, 3 feste Maschen, 2 feste Maschen zusammen abmaschen als Maschenabnahme
(= 5 feste Maschen).

22.–32. Runde: 1 feste Masche in jede Masche (= 5 feste Maschen).

33. Runde: 2 feste Maschen zusammen abmaschen als Maschenabnahme, 1 Kettmasche. Faden abschneiden sichern und mit der Wollnadel vernähen. Einen dünnen Draht, der so lang wie der Schwanz ist, in den Schwanz stecken und aufrollen.

3 Jetzt werden die Füße gehäkelt. Arbeite dazu eine Anfangsschlinge und häkle 4 Luftmaschen. Häkle die Luftmaschenkette zurück mit 3 festen Maschen. Schlage erneut 4 Luftmaschen an und häkle diese mit 3 festen Maschen zurück. Mache in die 1. Luftmasche ganz vom Anfang eine Kettmasche. Nimm nun einen dünnen Draht zur Hand, der ca. 8 cm lang ist. Ein Ende schiebst du durch den 1. Luftmaschenbogen (in dem auch die Kettmasche ist) und biegst dieses um (ca. 0,5 cm), sodass der Draht gesichert ist. Jetzt umhäkelst du den Draht mit 5 festen Maschen.

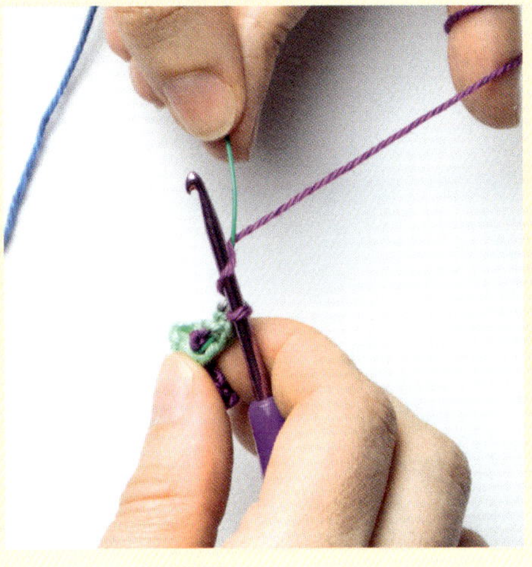

Faden abschneiden und sichern. Stecke nun das längere Ende des Drahts durch den Körper (unten hinten).

Für die andere Seite nochmals einen Fuß häkeln und den Draht mit 5 festen Maschen umhäkeln. Jetzt den gesamten gehäkelten Fuß auf dem Draht Richtung Körper schieben. Der Draht, der zuviel ist, abschneiden, dabei ca. 0,5 cm zum Umbiegen überstehen lassen. Das Ende wieder Umbiegen und etwas in den festen Maschen verstecken.

4 Wiederhole Schritt 3 komplett für den Vorderfuß. Die Positionierung des Fußes ist dabei dann natürlich vorn.
Alle Fadenenden in den Körper einziehen.

5 Für die Augen machst du einen magischen Ring in diesen häkelst du 6 feste Maschen. Ziehe den Ring zusammen und schließe ihn mit einer Kettmasche in die 1. feste Masche. Faden abschneiden und sichern.

Arbeite dies ein zweites Mal.

6 Die Augen werden am Kopf mit schwarzen Faden angenäht. Ziehe dazu den schwarzen Faden zunächst in den Körper hinein und komme in der Mitte des einen Auges wieder heraus. Stich im Auge etwas neben der Mitte wieder ein und führe die Nadel zum 2. Auge. Die Nadel kommt nun wieder aus der Mitte des Auges heraus und der erneute Einstich erfolgt etwas daneben. Gehe mit der Nadel zurück zu Auge 1 und wiederhole das erklärte Vorgehen nochmals. Den Endfaden nun in den Körper ziehen.

Alle restlichen Fäden vernähen.

KAKTUSTASCHE

KAKTUSTASCHE

1 Knote eine Anfangsschlinge mit der Farbe golfgrün und häkle 60 Luftmaschen. Jetzt häkelst du, in die 4. Luftmasche von der Nadel aus gesehen, ein Stäbchen. Häkle 56 weitere Stäbchen (in jeden Luftmaschenbogen eins), bis du zum Ende der Luftmaschenkette angelangst. Direkt im Anschluss stichst du auf der gegenüberliegenden Seite der Luftmaschenkette ein und häkelst 57 Stäbchen entlang der Luftmaschenkette wieder zurück. Du schließt die Runde mit einer Kettmasche in das erste Stäbchen.

2.–4. Runde: 3 Steigeluftmaschen, 1 Stäbchen in jede Masche sowie eine Kettmasche in das erste Stäbchen (= 114 Stäbchen).

2 Ab der Runde 5 bis Runde 30 startest du immer mit 5 Luftmaschen (die ersten 3 Luftmaschen davon, ersetzen das 1. Stäbchen).
Danach überspringst du 2 Maschen und häkelst ein Stäbchen in die 3. Masche.
Das allgemeine Grundmuster für den löchrigen Netzteil besteht aus 1 Stäbchen, 2 Luftmaschen, 2 Maschen überspringen und im Anschluss wieder ein Stäbchen häkeln. Dies wird immer gehäkelt, wenn nicht anderes auf der Abbildung angezeigt ist.

Weiter auf Seite 96

MATERIAL

- Häkelnadel Nr. 3
- Schachenmayr Catania Original in Golfgrün (Fb 0241), ca. 80 g
- Wollnadel
- Schere

TIPP

Sollte dir das Häkeln des Kaktusmusters zu schwer sein, kannst du als Alternative auch nur das Grundmuster auf Vorder- und Rückseite häkeln.

Für dich heißt es daher ab Runde 5 genau aufpassen und Zeile für Zeile von rechts nach links von der Abbildung häkeln.

HINWEIS

Häkelst du beim Kaktus ein Stäbchen in einen Luftmaschenbogen, stichst du nicht direkt in die Luftmasche ein, stattdessen häkelst du darum.

Folge nun der Abbildung bis zur Runde 30.

3 Ab der Runde 31 beginnst du mit dem oberen Rand. Dazu häkelst du eine Steigeluftmasche und danach 114 feste Maschen. Schließe die Runde mit einer Kettmasche in die erste feste Masche. Wiederhole Runde 31 noch 3-mal.

4 Für die Taschenhenkel startest du die Runde wieder mit 1 Steigeluftmasche, gefolgt von 5 festen Maschen. Häkle nun 90 Luftmaschen und stich in die 52. Masche wieder ein. Im Anschluss häkelst du 10 feste Maschen und schlägst erneut 90 Luftmaschen an.
5 Maschen vor dem Ende der Runde stichst du wieder mit deiner Häkelnadel ein und arbeitest 5 feste Maschen. Die Runde wird wieder mit einer Kettmasche in die erste feste Masche geschlossen.
Die nächsten 3 Runden häkelst du: 1 Steigeluftmasche, in jede Masche bzw. Luftmaschenbogen 1 feste Masche (= 200 feste Maschen) sowie eine Kettmasche zum Runde schließen in die jeweils erste feste Masche.
Der Endfaden kann nun abgeschnitten und gesichert werden. Alle Restfäden sind noch zu vernähen.

5 Wenn du möchtest, kannst du dir noch einen kleinen Pompon basteln (siehe dazu Anleitung S. 155) und diesen als Blüte an den Kaktus anbringen.

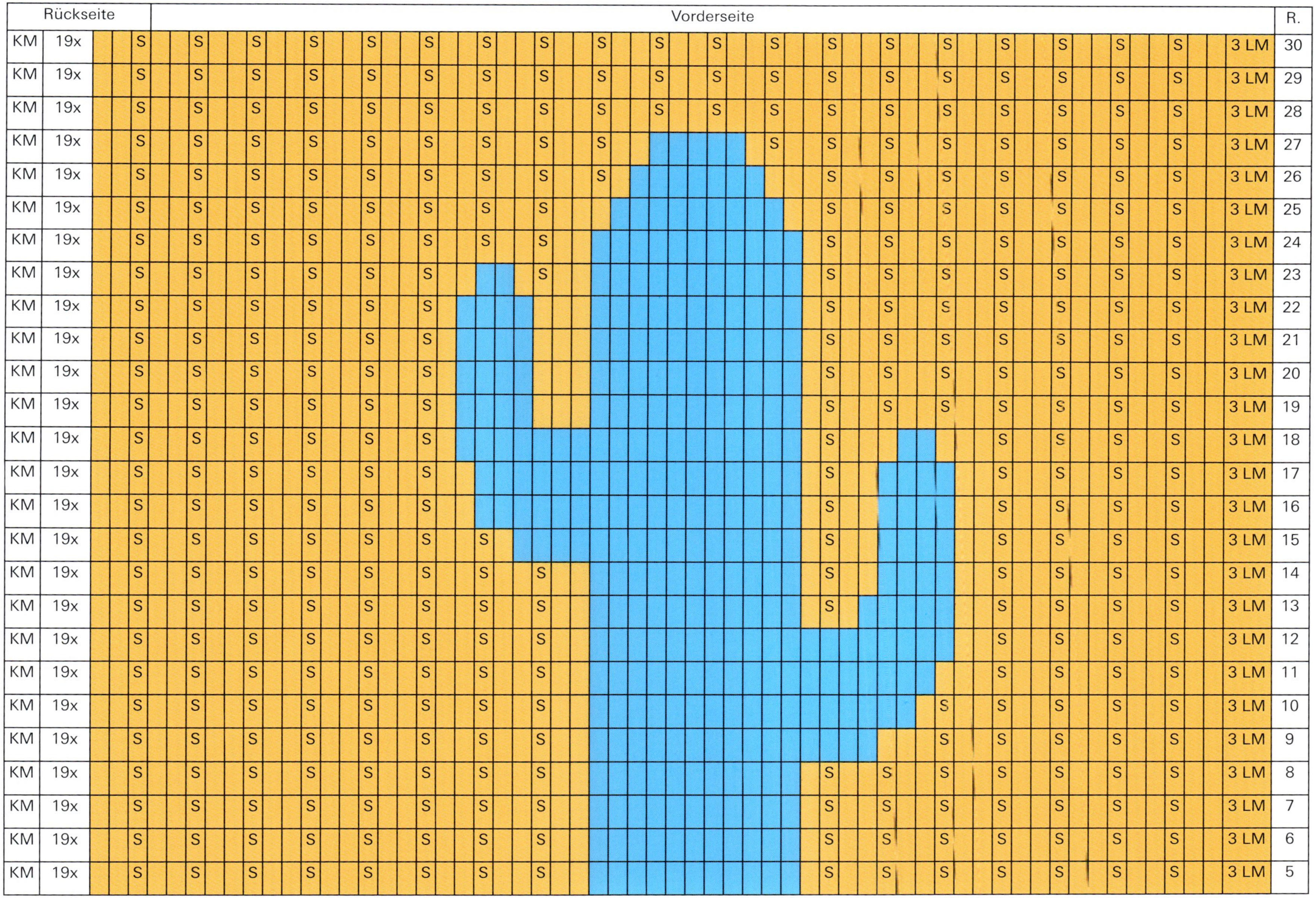

LEGENDE Häkelrichtung: von rechts nach links

- (blau) in jedes Kästchen ein Stäbchen
- S Stäbchen
- (gelb) Luftmasche
- 3 LM 3 Luftmaschen = Rundenbeginn
- KM Kettmasche in 3. Luftmasche

MATERIAL

- Maßband
- Häkelnadel Nr. 7
- Schachenmayr Boston Original in Mittelgrau meliert (Fb 00092), ca. 60 g
- Schachenmayr Boston Original in Eisblau (Fb 8384), ca. 10 g
- Schere
- Wollnadel

Größe des Mützentellers (der gehäkelte Teil, wo Maschen zugenommen werden) berechnen:

$$\text{Durchmesser des Mützentellers} = \frac{\text{Kopfumfang}}{3{,}14}$$

Wenn du ein leicht dehnbares Garn verwendest, was eigentlich bei allen Mützengarnen der Fall ist, kannst du vom errechneten Wert noch einmal 1–2 cm abziehen.

MÜTZE

MÜTZE

1 Beginne mit einem magischen Ring in Mittelgrau und häkle 2 Luftmaschen und 11 halbe Stäbchen hinein. Im Anschluss ziehst du den magischen Ring zusammen und schließt diesen mit einer Kettmasche in das 1. halbe Stäbchen.

1. Runde: 2 Steigeluftmaschen und 11x 2 halbe Stäbchen als Maschenzunahme häkeln (= 22 halbe Stäbchen). Schließe die Runde mit einer Kettmasche in das 1. halbe Stäbchen.

2. Runde: 2 Steigeluftmaschen, dann 11x *1 halbes Stäbchen und 2 halbe Stäbchen als Maschenzunahme* häkeln (= 33 halbe Stäbchen). Schließe die Runde mit einer Kettmasche in das 1. halbe Stäbchen.

3. Runde: 2 Steigeluftmaschen, dann * in jede Masche 1 halbes Stäbchen häkeln und jede 3. Masche dabei verdoppeln* (= 44 halbe Stäbchen). Schließe die Runde mit einer Kettmasche in das 1. halbe Stäbchen.

4. Runde: 2 Steigeluftmaschen, dann * in jede Masche 1 halbes Stäbchen häkeln und jede 4. Masche dabei verdoppeln* (=55 halbe Stäbchen). Schließe die Runde mit einer Kettmasche in das 1. halbe Stäbchen dieser Runde.

5.–12. Runde: 2 Steigeluftmaschen und dann 1 halbes Stäbchen in jede Masche häkeln (= 55 halbe Stäbchen). Schließe die Runde mit einer Kettmasche in das 1. halbe Stäbchen. Bei der letzten Kettmasche den Farbwechsel zu Eisblau durchführen.

13. Runde: Mit der neuen Farbe 2 Steigeluftmaschen und dann 1 halbes Stäbchen in jede Masche häkeln (= 55 halbe Stäbchen). Schließe die Runde mit einer Kettmasche in das 1. halbe Stäbchen.

2 **14. Runde:** Jetzt nur 1 Steigeluftmasche, dann 1 feste Masche in jede Masche häkeln (= 55 feste Maschen). Zum Schluss häkelst du eine Kettmasche in die 1. feste Masche dieser Runde.

3 Schneide den Faden ab, sichere und vernähe den Anfangs- und Endfaden.

4 Arbeite nun eine dicke Bommel für die Mütze nach der Anleitung auf S. 155. Befestige diese oben an der Mütze mithilfe der Wollnadel und vernähe die Endfäden.

MATERIAL

- Häkelnadel Nr. 4
- Wollnadel
- Schere
- Füllwatte
- Schachenmayr Bravo Originals in Begonie (Fb 08341), ca. 5 g
- Schachenmayr Bravo Originals, in Schwarz (Fb 08226), Rest
- Schachenmayr Bravo Originals in Weiß (Fb 08224), Rest
- Pompon in Lila, ø 5 mm
- Satinband in Pink, 10 cm lang, 1 cm breit

TIPP

Alternativ kannst du auch Pfeifenputzer als Beine benutzen.

FLAMINGO

1 Du startest mit dem Häkeln des Flamingokörpers mit der Farbe Begonie. Arbeite dazu eine Anfangsschlinge und häkle 15 Luftmaschen.

1. Reihe: Häkle entlang der Luftmaschenkette 14 feste Maschen, 1 Wendeluftmasche, Arbeit wenden.
2. Reihe: 2 feste Maschen als Maschenzunahme, 11 feste Maschen, 2 feste Maschen zusammen abmaschen als Maschenabnahme, 1 Wendeluftmasche, Arbeit wenden.

3. Reihe: 2 feste Maschen zusammen abmaschen als Maschenabnahme, 11 feste Maschen, 2 feste Maschen als Maschenzunahme, 1 Wendeluftmasche, Arbeit wenden.
4. Reihe: häkelst du genauso wie in Reihe 2.
5. Reihe: häkelst du genauso wie in Reihe 3.

6. Reihe: 12 feste Maschen, 2 feste Maschen zusammen abmaschen als Maschenabnahme, 1 Wendeluftmasche, Arbeit wenden.
7. Reihe: 2 feste Maschen zusammen abmaschen als Maschenabnahme, 11 feste Maschen, 1 Wendeluftmasche, Arbeit wenden.
8. Reihe: 10 feste Maschen, 2 feste Maschen zusammen abmaschen als Maschenabnahme, 1 Wendeluftmasche, Arbeit wenden.

Weiter auf Seite 102 →

FLAMINGO

9. Reihe: 2 feste Maschen zusammen abmaschen als Maschenabnahme, 9 feste Maschen, 1 Wendeluftmasche, Arbeit wenden.

10. Reihe: 2 feste Maschen zusammen abmaschen als Maschenabnahme, 3 feste Maschen, 1 Wendeluftmasche, Arbeit wenden.
11. Reihe: 2 feste Maschen zusammen abmaschen als Maschenabnahme, 2 feste Maschen, 1 Wendeluftmasche, Arbeit wenden.
12. Reihe: 1 feste Masche, 2 feste Maschen zusammen abmaschen als Maschenabnahme, 1 Wendeluftmasche, Arbeit wenden.
13.–21. Reihe: 2 feste Maschen, 1 Wendeluftmasche, Arbeit wenden.

22. Reihe: 2x 2 feste Maschen als Maschenzunahme (= 4 feste Maschen), 1 Wendeluftmasche, Arbeit wenden.
23.–24. Reihe: 4 feste Maschen, 1 Wendeluftmasche, Arbeit wenden.
25. Reihe: 2x 2 feste Maschen zusammen abmaschen als Maschenabnahme.
Faden abschneiden und sichern.

2 Den gesamten Körper häkelst du nun noch ein zweites Mal. Beim 2. Körper den Faden am Ende nicht abschneiden. Dieser wird benötigt, um die beiden Körperteile zusammenzuhäkeln.

3 Lege den ersten gehäkelten Körper unter den 2. Körper. Nun mit festen Maschen entlang der Kante beide Teile zusammenhäkeln.

Bei ca. 50 festen Maschen füllst du den unteren Teil des nun miteinander verbundenen Körpers mit Füllwatte aus …

… und häkelst dann den restlichen Teil mit festen Maschen weiter zusammen (= 71 feste Maschen).

Beende das Umhäkeln mit 1 Kettmasche in die erste feste Masche der Umrandung. Schneide den Faden ab, sichere und vernähe ihn. Solltest du deine Anfangs- und Endfäden nicht direkt mit eingehäkelt haben kannst du diese nun noch vernähen.

4 Die Beine werden gehäkelt oder alternativ aus einem Pfeifenputzer gefertigt (s. TIPP). Häkle wie folgt:

1. 3 Luftmaschen, 2 feste Maschen in die Luftmaschenkette, 3 Luftmaschen, 2 feste Maschen in die Luftmaschenkette, Kettmasche in die 1. Luftmasche.

2. Direkt im Anschluss 33 Luftmaschen häkeln und den 1. Punkt wiederholen.
3. Faden abschneiden sichern und alle Fäden vernähen.
4. Mithilfe der Wollnadel ziehst du nun unten mittig eine Seite des Beins durch eine feste Masche der Körperumrandung.

5 Für den Schnabel schlingst du den schwarzen Faden am Kopf an und häkelst 5 Luftmaschen.

Nun arbeitest du in die Luftmaschenkette zurück: 1 feste Masche, 1 halbes Stäbchen – Achtung, hier erfolgt der Farbwechsel zur Farbe Weiß – beim letzten Abmaschen, den schwarzen Faden abschneiden, 1 halbes Stäbchen, 1 Stäbchen, 1 Kettmasche am Kopf befestigen in die Masche über der angeschlingte Luftmaschenkette in Schwarz. Faden abschneiden, sichern und alle Fäden vernähen

6 Zum Schluss stickst du noch mit der Farbe Schwarz Augen auf, sodass diese von beiden Seiten sichtbar sind.

7 Für den Flügel nimmst du das Satinband doppelt auf die Wollnadel. Dann ziehst du es in der Körpermitte des Flamingos durch eine Masche.

ICH BIN NICHT EINFACH GESTRICKT. ICH HAB BOMMELN.

Für alle, die nicht genug bekommen können, gibt es noch digital zusätzliche Modelle.

STRICKEN

WOLLE
STECKNADELN
NADELMASS
WOLLNADEL
STRICKGABEL
MASSBAND

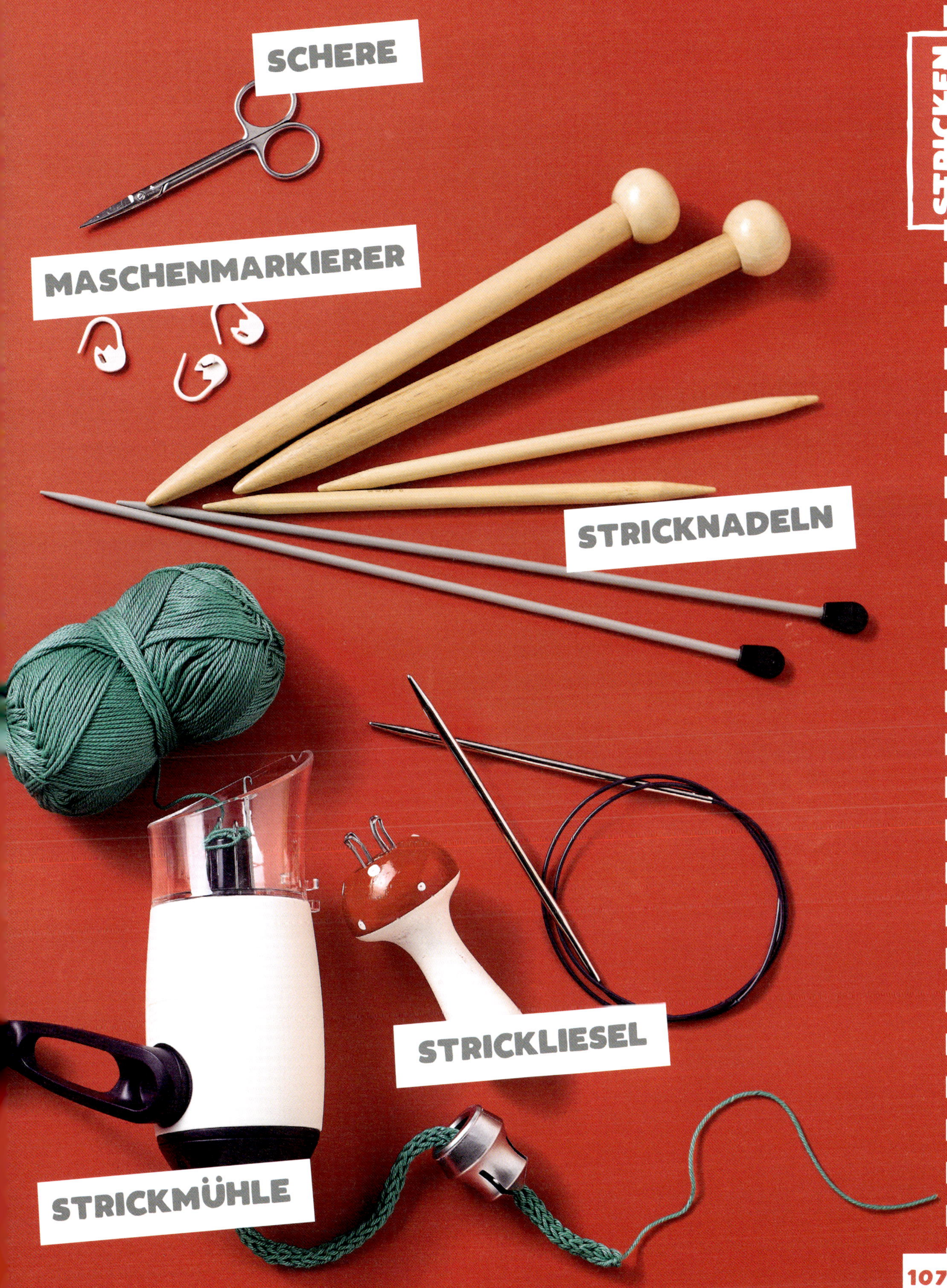
SCHERE
MASCHENMARKIERER
STRICKNADELN
STRICKLIESEL
STRICKMÜHLE

GRUNDAUSSTATTUNG

STRICKNADELN

Stricknadeln gibt es in verschiedenen Ausführungen und Materialien, sie sind aus Metall, Kunststoff, Holz und Bambus. Auf dem Bild sind ganz oben Jackennadeln abgebildet, sie eignen sich für Schals und schmale Strickstücke. Darunter siehst du eine Häkelnadel, die beim Stricken manchmal sehr nützlich ist. Nadelspiele bestehen aus 5 Nadeln, abgebildet sind zwei, einmal fröhlich bunt aus Metall und einmal aus Bambus. Mit ihnen kannst du Stulpen, Socken und kleine Kuscheltiere in der Runde stricken. Links darunter befindet sich eine Rundstricknadel, sie eignet sich auch zum Stricken in Runden z. B. für Loops. Die Nadeln sind durch ein Seil verbunden, das es in verschiedenen Längen gibt. Rechts daneben siehst du das addiCraSy-Trio aus Bambus. Ich benutze es statt eines Nadelspiels für das Stricken in kleinen Runden, so musst du nur mit 3 statt mit 5 Nadeln arbeiten. Das Trio gibt es auch aus Metall.

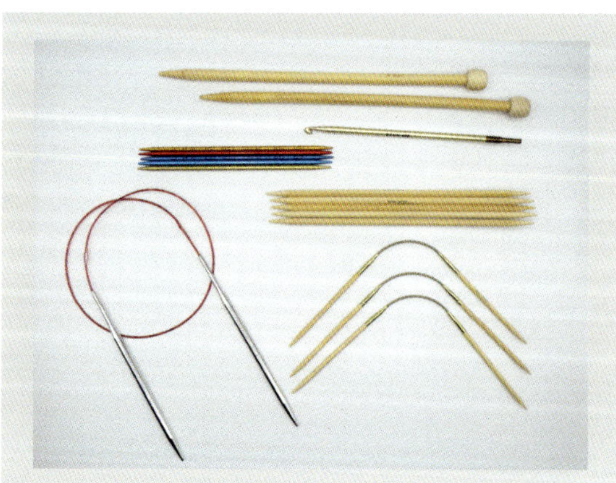

WOLLE UND WOLLETIKETT

Zum Stricken brauchst du neben den Stricknadeln natürlich Wolle. Es gibt sie in verschiedenen Knäuelgrößen, allen denkbaren Farben und Materialien.

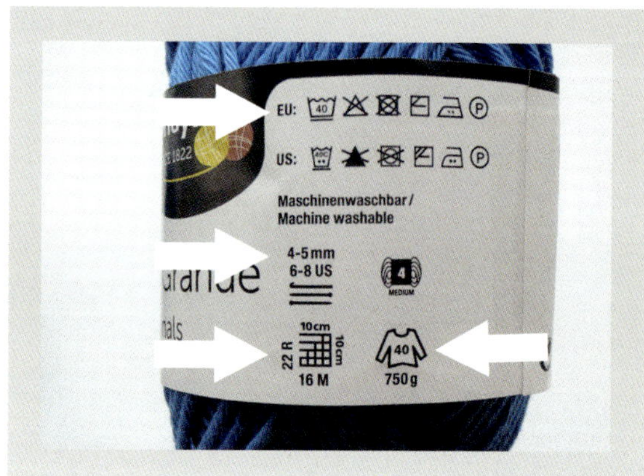

Auf der Banderole steht nicht nur der Hersteller und der Name deiner Wolle, hier findest du auch sehr wichtige Informationen. Der Pfeil links oben zeigt dir an, ob und wie du deine Wolle waschen kannst. Das ist sehr wichtig, denn wenn du viel Arbeit und Zeit in dein Projekt steckst und es dann falsch wäschst, kann dein Strickstück vielleicht „kaputt" gehen. Der zweite Pfeil zeigt dir, welche Stricknadelgröße du verwenden kannst, hier im Beispiel 4-5 mm. Darunter die Zahl betrifft amerikanische Stricknadeln, dort gibt es andere Größen. Der dritte Pfeil links zeigt dir die Angabe des Herstellers für eine Maschenprobe an. Maschenproben solltest du immer dann anfertigen, wenn es darauf ankommt, dass dein Strickstück passen soll.

Hier bedeuten die Zahlen, dass du 16 Maschen für 10 cm in der Breite und 22 Reihen für 10 cm Höhe stricken musst. Je nachdem, wie fest oder locker du strickst und welche Nadelgröße du verwendest, kann dies aber abweichen. Daher eine Maschenprobe anfertigen. Der rechte Pfeil ist wichtig, um den Wollverbrauch einzuschätzen. Hier bedeutet er, dass du für einen Pullover in Größe 40 750 g Wolle benötigst (d. h. 15 Knäuel à 50 g).

NADELMASS UND MASSBAND

Wenn auf deinen Stricknadeln die Größe der Nadeln nicht mehr zu sehen ist, steckst du deine Nadelspitze in die Öffnungen an einem Nadelmaß. Wenn es genau passt, hast du deine Nadelstärke gefunden. Ein Maßband solltest du auf jeden Fall in deinem Strickkorb haben, so kannst du dein Strickstück messen.

WOLLNADELN UND STECKNADELN

Wollnadeln haben eine abgerundete stumpfe Spitze und eignen sich so besser zum Vernähen von Wollstücken als normale spitze Nähnadeln. Oftmals haben sie auch ein größeres Nadelöhr, sodass du den Faden leichter einfädeln kannst. Mit Stecknadeln kannst du Teile, die zusammengenäht werden, fixieren, damit beim Zusammennähen nichts verrutscht.

SCHERE

Scheren gibt es in vielen Größen. Wichtig ist, dass deine Schere sehr gut schneidet. Sonst reißt du deinen Faden kaputt und kannst ihn schlecht in deine Wollnadel einfädeln.

MASCHENMARKIERER

Maschenmarkierer sind ein nützliches Hilfsmittel, um Rundenanfänge oder Musterabschnitte innerhalb eines Strickstückes zu markieren. Es gibt sie in vielen Varianten und Größen. Du kannst aber auch einen Wollfaden nutzen.

REIHENZÄHLER

Reihenzähler dienen dazu, deine gestrickten Runden oder Reihen mitzuzählen, damit du weißt, wieviel du schon gestrickt hast. Dazu drehst du die Zahlen immer weiter. Den Reihenzähler kannst du je nach Modell auf deine Stricknadel oder an deinen Finger stecken oder um den Hals hängen. Du kannst aber auch einfach eine Strichliste auf einem Blatt Papier machen.

KNÖPFE, NÄHGARN UND NÄHNADELN

Zum Annähen von Knöpfen an deinem Strickstück verwendest du normales Nähgarn und spitze Nähnadeln.

STRICKLIESEL, STRICKMÜHLE & STRICKGABEL

Mit diesen nützlichen Hilfsmitteln kannst du Kordeln und Strickschnüre herstellen.

SCHRITT FÜR SCHRITT

MASCHEN ANSCHLAGEN

1 Um Maschen anzuschlagen, musst du zunächst die Wolle von deinem Knäuel abwickeln, die für die erforderliche Maschenanzahl benötigt wird. Dazu habe ich einen kleinen Trick: Wickele die Wolle insgesamt 10-mal um zwei Stricknadel. Dies ist die Länge, die du für 10 Maschen benötigst. Jetzt mit dem linken Daumen den Faden an der Stelle festhalten und die Stricknadel entfernen.

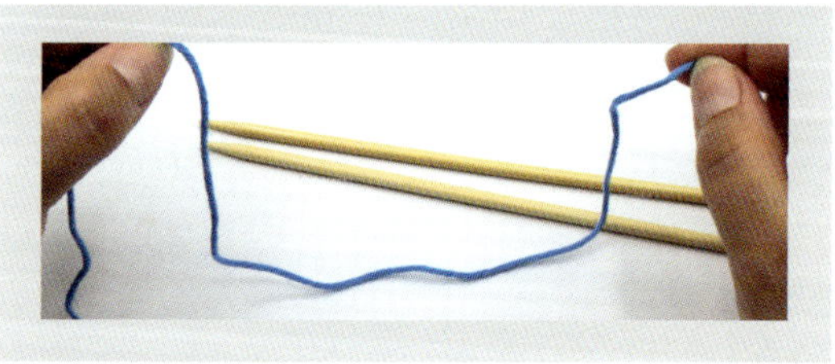

2 Für 20 Maschen jetzt den abgemessenen Faden doppelt nehmen. Entsprechend fortfahren, wenn mehr Maschen aufgenommen werden sollen. Eine kleine Reserve vom Faden zugeben.

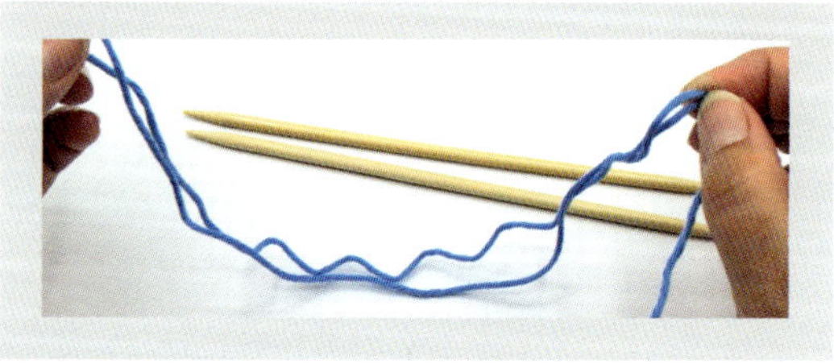

3 Jetzt geht der eigentliche Maschenanschlag los. Lege den Faden wie abgebildet um deine Finger. Der Faden vorne links über deinem Zeigefinger geht zum Wollknäuel. Der Faden, der hinter deinem kleinen Finger verläuft, ist das lose Ende.

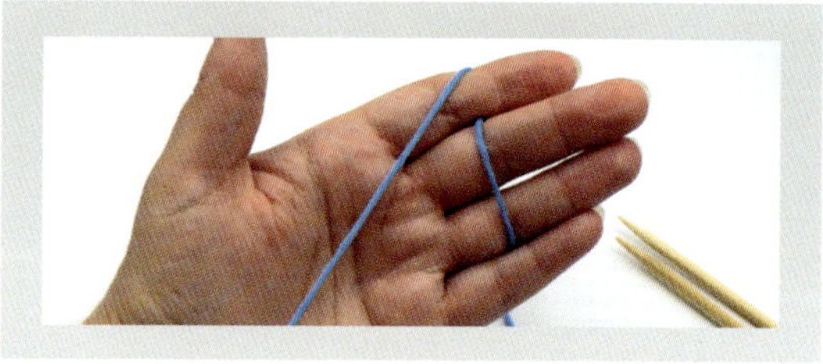

4 Nimm den Faden über dem Zeigefinger in deine rechte Hand und führe ihn von vorn um deinen Daumen herum.

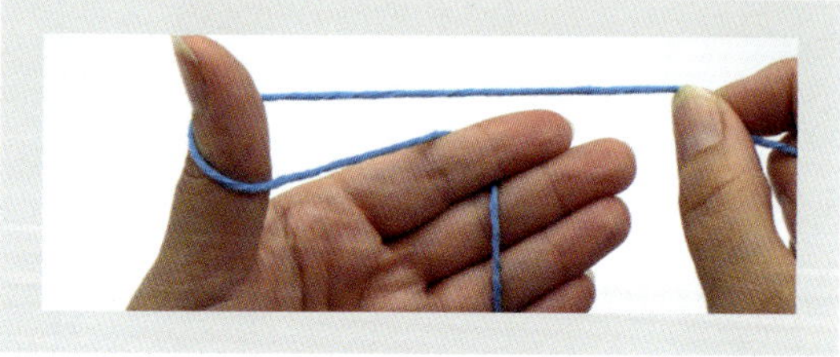

5 Führe den Faden über deine Handfläche und klemme ihn ebenfalls zwischen deinen Fingern ein. Achte darauf, dass der Faden straff ist.

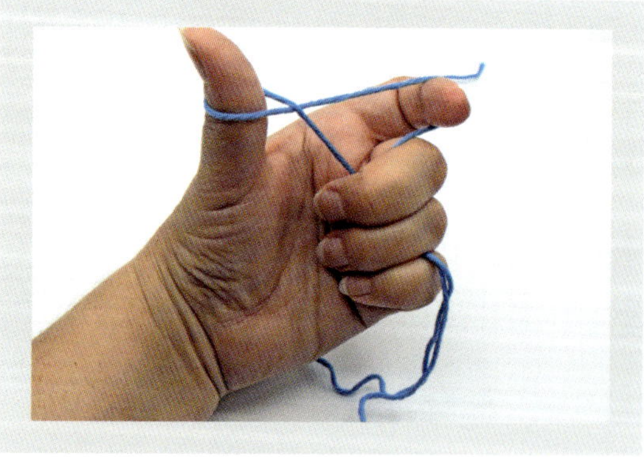

6 Nimm beide Stricknadeln in deine rechte Hand. Mein Tipp: Mach den Maschenanschlag immer mit zwei Nadeln, dann werden die Anschlagmaschen lockerer und lassen sich leichter stricken. Du kannst aber auch nur eine Stricknadel verwenden. Stich jetzt mit den Stricknadeln von unten in die Daumenschlinge ein.

7 Kippe deine linke Hand bzw. deinen Daumen nach vorn.

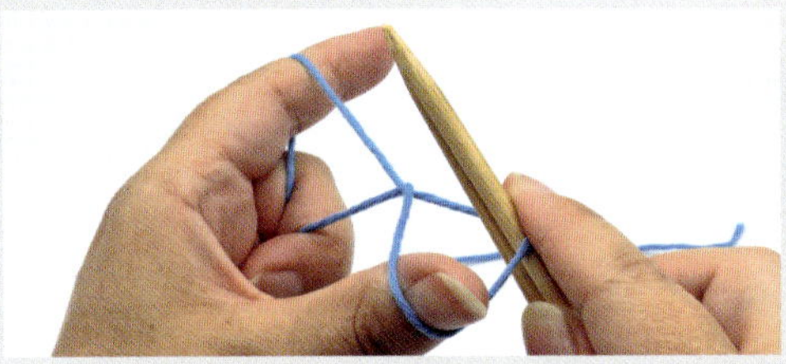

8 Greife mit den Stricknadeln den Faden über dem Zeigefinger und hole ihn durch die Schlinge.

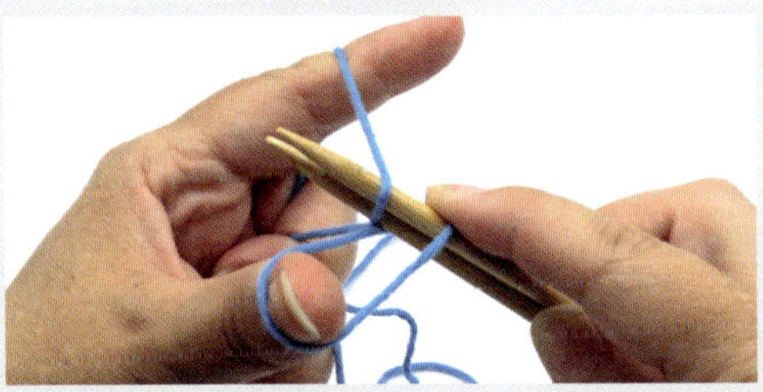

9 Nimm den Daumen aus der Schlinge und ziehe die auf der Stricknadel entstandene Masche fest. Lass die Fäden nicht los. Lege den Daumen erneut an den Faden und nimm ihn wieder so auf, dass sich eine neue Schlinge bildet, indem du deine Hand jetzt nach hinten kippst. Wiederhole die Schritte 6–9, bis du alle Maschen aufgenommen hast.

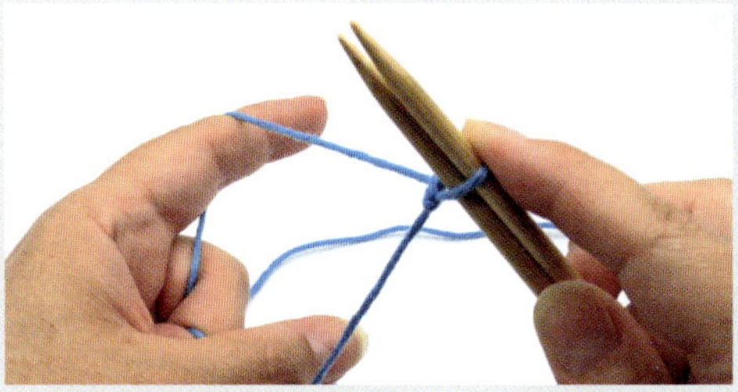

NADEL- UND FADENHALTUNG

Wenn du alle Maschen angeschlagen hast, ziehe eine Nadel heraus. Drehe die Nadel und nimm sie in deine linke Hand. Den Arbeitsfaden zum Wollknäuel wickele einige Male um deinen Zeigefinger, sodass der Faden straff ist. Achte jedoch darauf, dass der Faden nachrutschen kann und dir nicht den Finger abschnürt. Nimm die andere „leere" Stricknadel in deine rechte Hand. Nun bist du bereit zum Stricken.

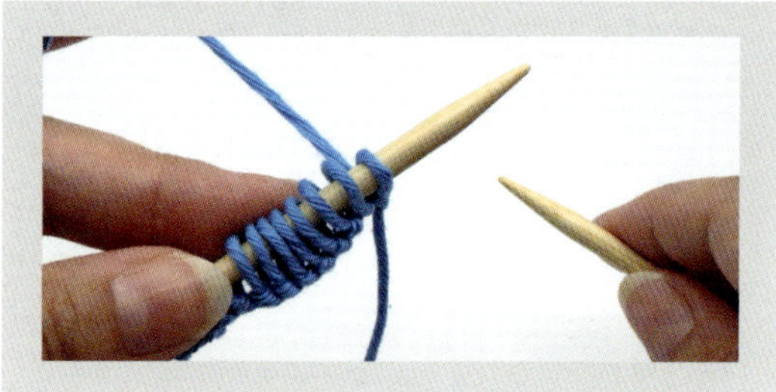

Wenn deine erste Masche beim Drehen der Nadel doppelt aussieht, musst du den Arbeitsfaden einmal hinter deine Nadel legen.

RECHTE MASCHEN

1 Der Arbeitsfaden liegt hinter der Stricknadel. Stich nun mit der Spitze der rechten Stricknadel von links nach rechts in die erste Masche auf deiner Nadel in der linken Hand ein.

2 Greife mit der Nadel den Arbeitsfaden, indem du die Nadel entgegen des Uhrzeigersinns etwas drehst. Hole den Arbeitsfaden durch die Schlinge.

3 Zieh jetzt die Schlinge auf die rechte Nadel und lass sie von der linken Nadel gleiten. Du hast die erste rechte Masche gestrickt.

LINKE MASCHEN

1 Den Arbeitsfaden vor die Stricknadel legen. Stich nun mit der Spitze der rechten Stricknadel von rechts nach links in die Masche ein.

2 Greife mit der Nadel den Faden; ich nehme gern den Mittelfinger zu Hilfe. Hole den Arbeitsfaden durch die Schlinge. Linke Maschen verlangen zunächst etwas Übung, aber bald gehen sie dir leicht von der Hand.

3 Lass die Schlinge auf die rechte Nadel gleiten und schon hast du deine erste linke Masche gestrickt. Jetzt steht dir die Welt vieler Strickmuster offen.

MASCHEN ABNEHMEN

Um dein Strickstück schmaler werden zu lassen, nimmst du Maschen ab. Der einfachste Weg ist es, zwei Maschen rechts zusammenzustricken. Stich dazu wie zum Rechtsstricken von links nach rechts in zwei Maschen ein. Danach verfahre wie bei der rechten Masche, Faden durchholen und auf die rechte Nadel gleiten lassen. Du hast eine Masche abgenommen.

MASCHEN ZUNEHMEN

Um dein Strickstück breiter werden zu lassen, nimmst du Maschen zu. Am einfachsten ist es, aus einer Masche eine zweite heraus zu stricken. Ich nenne es auch Maschen verdoppeln. Beginne wie bei einer rechten Masche. Stich in die Masche ein und hole den Faden durch, lass die Masche aber nicht von der linken Nadel gleiten. Kipp die linke Nadel leicht nach vorn, damit du in das hintere Maschenglied einstechen kannst.

Hole noch einmal den Faden durch die Schlinge und lass jetzt die Masche von der linken Nadel gleiten. Du hast eine Masche zugenommen. Neben der ersten gestrickten Masche siehst du jetzt eine weitere kleine Schlinge.

MASCHEN ABKETTEN

Wenn dein Strickstück fertig ist, musst du deine Maschen abketten, um sie von der Stricknadel zu nehmen, ohne dass sich die Maschen wieder auflösen. Normalerweise kettest du rechts ab. Wenn in der Anleitung steht, du sollst im Muster abketten, heißt das: Eine rechte Masche strickst du rechts und eine linke Masche links ab. Das Abketten ist aber dasselbe, es geht nur um das Stricken der Masche.

1 Zunächst strickst du zwei Maschen ganz normal rechts. Du hast jetzt zwei Maschen auf deiner rechten Stricknadel. Stich mit der linken Nadel von vorn in die erste Masche auf deiner rechten Stricknadel.

2 Ziehe die zweite Masche auf deiner rechten Nadel durch die erste Masche hindurch. Jetzt hast du nur noch eine Masche auf deiner rechten Stricknadel.

3 Fahre fort, indem du wieder eine Masche strickst und den vorherigen Schritten folgst.

So machst du weiter, bis nur noch eine Masche auf deiner rechten Stricknadel übrig bleibt. Jetzt schneidest du den Faden etwa 15 cm vom Knäuel entfernt ab und ziehst mit der Stricknadel deine Masche so lang, bis der Faden durch die Schlinge rutscht.

WORAN ERKENNE ICH RECHTE UND LINKE MASCHEN

Rechts gestrickte Maschen erkennst du daran, dass sie wie ein V aussehen.

Links gestrickte Maschen erkennst du daran, dass sie einen Maschenbogen bilden.

NEUEN FADEN ANSETZEN

Wenn du eine neue Farbe stricken möchtest oder dein Knäuel alle ist, musst du ein neues Knäuel ansetzen. Das machst du am besten immer am Reihenanfang. Knote den Faden möglichst dicht an der Stricknadel an. Nimm den neuen Faden und stricke weiter. Die Fäden vernähst du später am Rand.

FÄDEN VERNÄHEN

Fäden vernähst du immer auf der Rückseite deines Strickstückes. Fädele den Faden in eine Wollnadel. Stich nun 4–5 mal in die Maschenbögen ein, zieh den Faden durch und wiederhole es in die andere Richtung. Den Faden möglichst nah abschneiden.

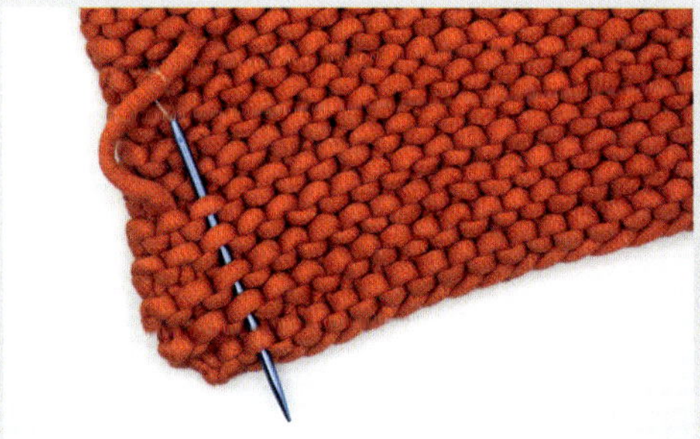

Fäden kannst du auch direkt in den Randmaschen vernähen. Stich dazu in die Maschenbögen ein, auch hier zurück in die andere Richtung.

IN REIHEN STRICKEN

Das bedeutet, du strickst die Maschen auf deiner linken Nadel ab bis du alle auf deiner rechten Nadel hast. Dann drehst du die rechte Stricknadel und nimmst sie in deine linke Hand. Die leere Nadel nimmst du in deine rechte Hand. Du hast eine Reihe gestrickt.

IN RUNDEN STRICKEN

Das bedeutet, du tauschst die Nadeln in deiner Hand nicht und strickst immer weiter im Kreis. Dazu hältst du die Nadeln etwas anders bzw. den Faden. Deinen Rundenanfang markierst du am besten mit einem Maschenmarkierer, so weißt du, wenn du eine Runde geschafft hast. Achte darauf, dass dein Seil nicht zu lang oder zu kurz ist für das, was du in Runden stricken möchtest.

1 Schlage wie gewohnt Maschen an, verwende jedoch eine Rundstricknadel. Lege die Nadel mit dem Faden nach rechts. Achte darauf, dass deine Maschen auf dem Seil nicht verdreht sind. Die kleinen Knötchen müssen in einer Reihe liegen.

2 Nimm die Nadel mit dem Arbeitsfaden in deine rechte Hand. Hänge einen Maschenmarkierer vor deinen Faden und stricke deine erste Masche.

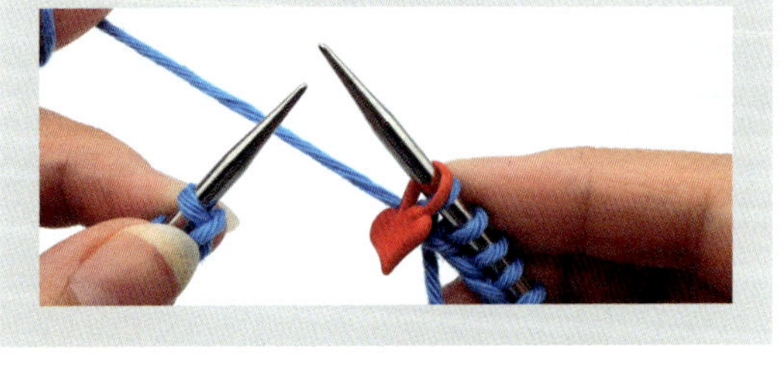

3 In der ersten Runde kann es sein, dass du nicht flüssig stricken kannst, weil das Seil noch zu lang ist. Verwende einen kleinen Trick, indem du zwischen zwei Maschen das Seil herausziehst. Nach einigen Runden ist das sicher nicht mehr nötig, es sei denn dein Seil ist zu lang für den Umfang deines Strickstücks. Dann machst du einfach so weiter.

4 Beim Abketten verfährst du wie immer.

MIT DEM ADDICRASYTRIO STRICKEN

Mit dem addiCraSyTrio kannst du sehr kleine Runden stricken. Man kann dazu auch ein Nadelspiel verwenden, dabei braucht man jedoch 5 Nadeln, weshalb das addiCraSyTrio etwas leichter in der Handhabung ist.

1 Schlage auf der ersten Nadel die Hälfte deiner benötigten Maschenanzahl an. Lege jetzt die zweite Nadel neben die erste und schlage deine nächste Masche an, zieh den Faden an, sodass die zweite Nadel dicht an der ersten hängt.

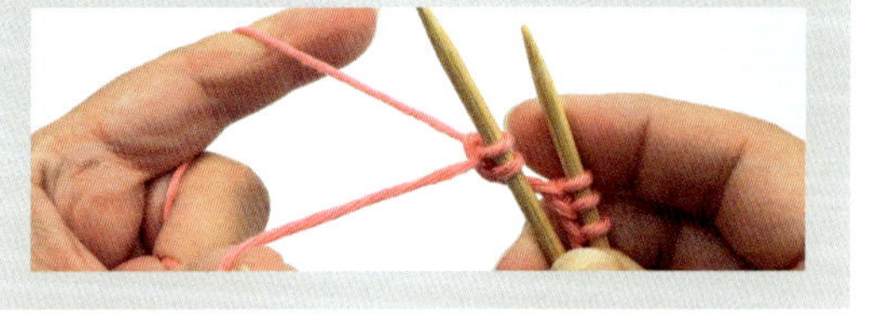

2 Lege die Nadel mit dem Faden nach rechts. Nimm die zweite Nadel in deine linke Hand und die leere Nadel in deine rechte Hand. Stricke wie gewohnt eine rechte Masche. Zieh den Faden nach der ersten Masche etwas an.

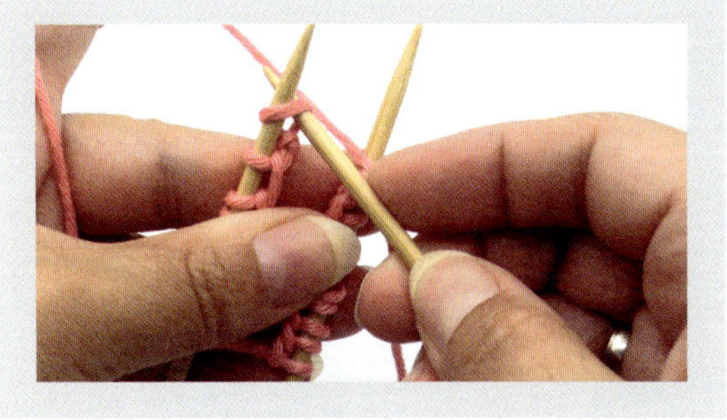

3 Stricke jetzt die Maschen ab. Ist die Nadel leer, leg sie weg. Die Nadel mit den gerade abgestrickten Maschen lässt du los, nimmst nun die Nadel mit den noch ungestrickten Maschen in deine linke Hand und die leere Nadel in deine rechte Hand. Weiter geht's … Achte darauf, dass du die Nadeln immer im Uhrzeigersinn drehst.

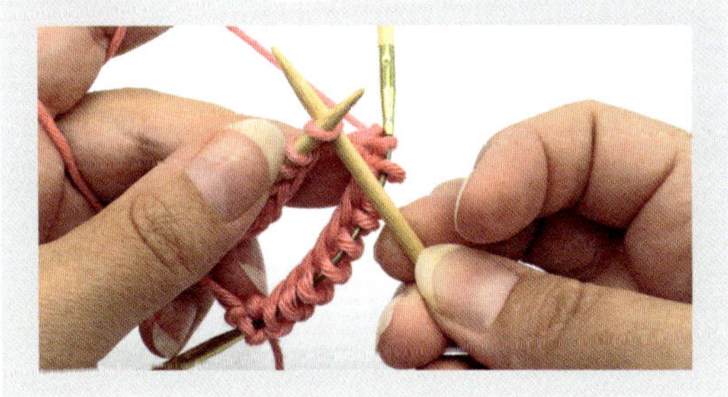

KORDEL ODER I-CORD STRICKEN

Kordeln, auch I-Cord genannt, kannst du mit der Strickliesel oder Hilfsmitteln wie dem addiEi oder der Strickmühle herstellen. Du kannst Kordeln aber auch ganz einfach mit zwei Nadeln des Nadelspiels stricken.

1 Schlage zwischen 4 und 6 Maschen auf einer Nadel eines Nadelspiels an. Stricke sie normal rechts ab. Jetzt die Nadel nicht drehen, sondern nur in die linke Hand nehmen. Die Maschen an das andere Ende der Stricknadel schieben.

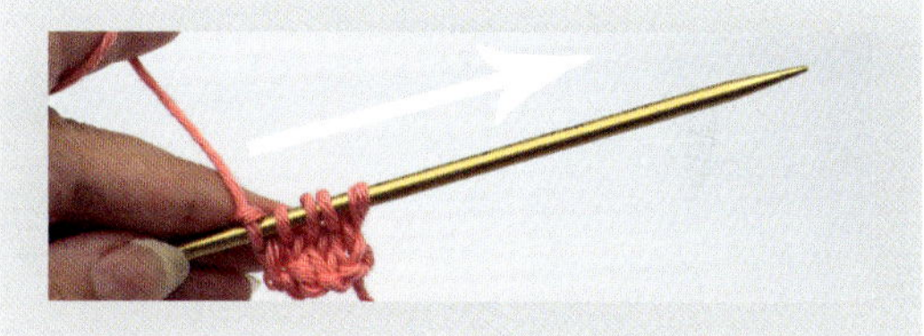

2 Jetzt liegt dein Arbeitsfaden links. Du stichst in die erste Masche wie zum rechts Stricken ein und holst dir den Faden nach vorne. Zieh den Faden nach der ersten Masche etwas an. Stricke normal weiter.

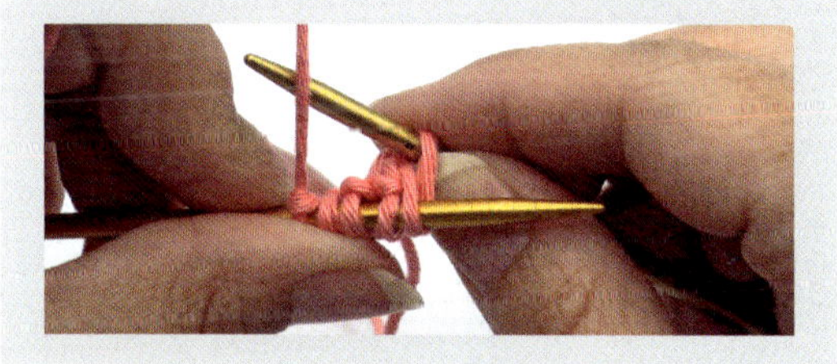

3 Stricke auf diese Weise einige Reihen und zieh deine Kordel immer am Ende etwas nach unten, so formt sich nach einigen Reihen bereits eine schöne Kordel.

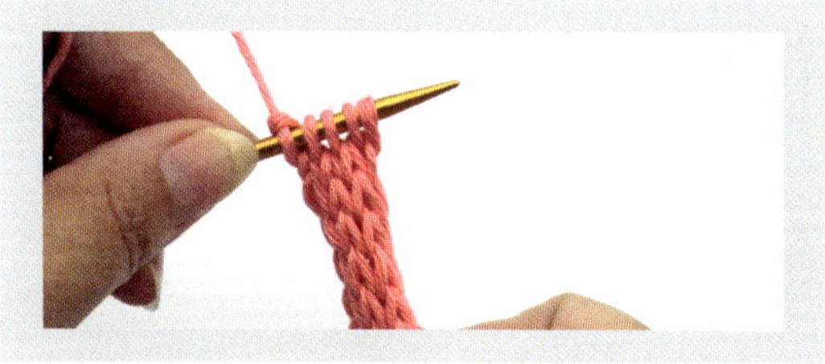

4 Ist deine Kordel lang genug, schneide den Faden etwa 15 cm weit ab. Fädele das Ende in eine Wollnadel und nimm die Maschen von der Nadel. Zieh diese zusammen und vernähe den Faden ins Innere der Kordel.

MASCHENPROBE

Angaben zur Maschenprobe findest du bei Strickanleitungen und auf der Wollbanderole. Sie geben dir an, wieviel Maschen und Reihen du stricken musst, um ein Quadrat von 10 x 10 cm zu erhalten. Wenn du ein Kleidungsstück strickst, welches gut passen soll, mache eine Maschenprobe und schau, ob sie mit den Angaben übereinstimmt. Um dies zu messen, lege ein Nadelmaß oder ein Maßband auf deine Probe und zähle die Maschen bzw. Reihen. Hast du mehr Maschen und Reihen, versuch es noch einmal mit einer größeren Nadelstärke. Sind es weniger, nimm eine kleinere Stricknadel.

RANDMASCHEN

Mit Randmaschen kannst du an deinem Strickstück einen schönen Rand gestalten. Du benötigst sie aber auch, um Teile deines Strickstücks zusammennähen zu können, ohne das Strickmuster zu stören. Einfach ist es, in jeder Reihe die erste und die letzte Masche rechts zu stricken, wobei sich ein Knötchenrand bildet. Wenn du glatt rechts strickst (d. h., in der Hinreihe rechte und in der Rückreihe linke Maschen), rollt sich das Strickstück jedoch leicht ein. Um dies zu vermeiden, stricke am Anfang und Ende jeder Reihe drei Maschen rechts.

STRICKSTÜCKE SPANNEN

Manchmal ist es nötig, deine Strickstücke zu spannen, d.h., du willst sie glätten. Dazu nimm eine oder mehrere Puzzlematten, eine Matratze oder einfach ein mehrfach zusammengelegtes Handtuch. Wasche oder besprühe dein Strickstück und befestige es darauf mit Stecknadeln oder speziellen Nadeln zum Spannen. Lass es gut trocknen.

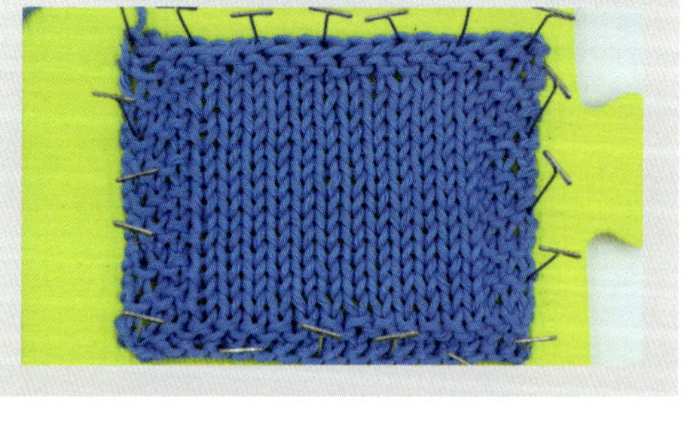

ERSTE HILFE BEI FEHLERN

Aufribbeln

Wenn du einige Reihen tiefer einen Fehler entdeckst, kannst du die Reihen aufribbeln. Dazu ziehst du vorsichtig die Stricknadel aus den Maschen. Dann ziehst du am Arbeitsfaden und eine Masche nach der anderen löst sich auf. Das machst du solange bis du deinen Fehler korrigieren kannst. Zum Weiterstricken nimmst du jede Masche wieder auf die Stricknadel, achte darauf, dass du die Maschen von vorn nach hinten aufnimmst.

Zurückstricken

Wenn du deinen Fehler in der gerade gestrickten Reihe entdeckt hast, stricke zurück. Dazu stichst du mit der linken Nadel in die Masche ein, die unterhalb der gestrickten Masche liegt, und ziehst die rechte Nadel heraus. Jetzt liegt die Masche wieder auf der linken Nadel, wiederhole es bis zu deinem Fehler. Das funktioniert bei rechten und linken Maschen gleich.

Gefallene Maschen

Ist dir eine Masche von der Stricknadel gefallen, stricke bis zu dieser Stelle. Jetzt ist eine Häkelnadel nützlich, lege das Strickstück vor dich hin. Stich mit der Häkelnadel von vorn in die Schlinge ein. Hole durch die Schlinge den nächsten Querfaden durch. Der Querfaden verläuft zwischen den Maschen. Wiederhole das solange, bis kein Querfaden mehr da ist. Lege die letzte so gerettete Masche auf deine linke Stricknadel.

Bei linken Maschen stichst du von hinten nach vorne in die fallengelassene Masche und erfasst ebenfalls den Querfaden. Hole den Querfaden nach hinten durch.

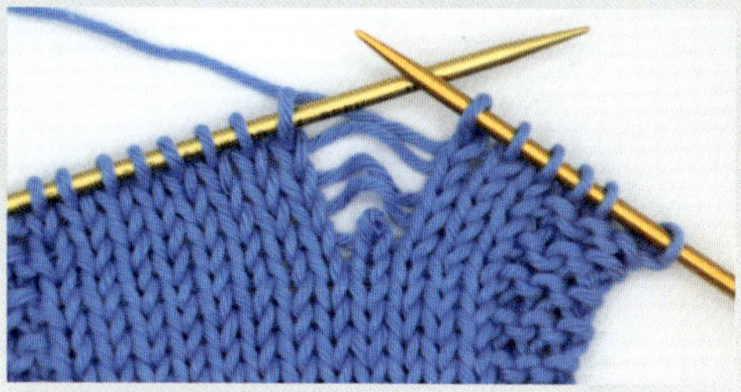

TEDDY – DEIN BESTER FREUND

TEDDY

1 Schlage 40 Maschen auf dem CraSyTrio in Schlamm an, d. h., du hast auf jeder Nadel 20 Maschen. Stricke 45 Runden alle Maschen rechts. Nutze einen Reihenzähler oder mache einfach Striche auf einem Stück Papier.

2 Stricke in der folgenden Runde fortlaufend 2 Maschen rechts zusammen (siehe Stricken Schritt für Schritt S. 113). Du hast dann noch 20 Maschen auf den Nadeln (10 Maschen pro Nadel). In der folgenden Runde stricke alle Maschen rechts. Wiederhole die letzten beiden Runden, es bleiben dann noch 10 Maschen übrig.

3 Schneide den Faden etwa mit 15 cm Länge ab und fädele das Ende in eine Wollnadel. Fahre nun nacheinander mit der Wollnadel in die übrigen 10 Maschen auf der Stricknadel und lass die Maschen dann heruntergleiten. Ziehe dann den Faden fest an, so schließt sich das Loch. Stecke die Nadel oben in das kleine Loch und stich sie nach innen durch.

Weiter auf Seite 122

MATERIAL

- Schachenmayr Catania Grande in Schlamm (Fb 3406), 50 g
- Schachenmayr Catania Grande in Vanille (Fb 3211), Rest
- Faden in Schwarz, Rest
- addiCraSyTrio 3,5 mm
- Nadelspiel, Jacken- oder Rundstricknadel 3,5 mm
- Füllmaterial
- evtl. 1 Maschenmarkierer
- Wollnadel
- Schere

- Maße: ca. 23 cm hoch und ca. 14 cm breit

- Maschenprobe: glatt rechts 18 Maschen x 25 Reihen (10 x 10 cm)

4 Drehe jetzt den Körper auf links und vernähe den Faden innen. Unbedingt den Faden noch einmal fest anziehen.

5 Den Körper wieder auf rechts drehen und den Kopfbereich mit Füllmaterial ausstopfen. Einen Faden (ca. 55 cm lang) in die Wollnadel einfädeln und den Kopfbereich abtrennen. Dazu etwa 17 Reihen von oben abzählen und mit der Wollnadel abwechselnd in jede 2. Masche einstechen (siehe Bild). Bevor du den Faden fest zusammenziehst, den Kopf noch einmal fest ausstopfen und formen. Die Fäden verknoten und die Fäden mit der Wollnadel ins Innere des Kopfes ziehen. Wenn ein Rest rausschaut, schneide diesen ab.

6 Stopfe jetzt den Körper mit Füllwatte aus und achte darauf den Körper immer mal wieder zu formen. Schließe die untere Naht.

7 Markiere dir etwa die Hälfte des Körpers in der Breite, damit du die Füße abteilen kannst. Schneide dir wieder einen Faden ab und fädele ihn in eine Wollnadel. Stich jetzt abwechselnd von oben und unten in den Körper ein und forme so die Beine. Beginne dafür am unteren Rand.

8 Stricke jetzt die Arme. Dazu schlägst du 8 Maschen mit dem CraSyTrio in Schlamm an (pro Nadel 4 Maschen). Stricke 10 Runden alle Maschen rechts. Wechsel jetzt die Farbe und stricke in Vanille weitere 5 Runden. Schneide den Faden etwa 15 cm ab, fädele das Ende in eine Wollnadel. Nimm nun nacheinander die Maschen von der Nadel ab, indem du wie beim Kopf mit der Wollnadel die Maschen von der Nadel aufnimmst. Ziehe dann den Faden fest an, so schließt sich das Loch. Stecke die Nadel oben in das kleine Loch und stich sie nach innen durch. Vernähe den Faden von innen. Stricke noch einen weiteren Arm.
Für die Ohren nimmst du 12 Maschen in Schlamm auf (6 Maschen pro Nadel). Stricke 4 Runden alle Maschen rechts. In der

nächsten Runde strickst du fortlaufend zwei Maschen rechts zusammen (es bleiben 6 Maschen). Auch hier schneide den Faden ab, nimm ihn auf die Wollnadel und damit alle Maschen von der Nadel. Fest zusammenziehen und den Faden innen vernähen. Ein zweites Ohr stricken.

9 Nähe die Arme und die Ohren an den Körper an, indem du sie mit Stecknadeln feststeckst und dann sorgfältig rundherum eine Masche am Körper mit einer Masche der Abkettkante zusammennähst. Sticke das Gesicht wie auf dem Bild gezeigt auf oder verpasse ihm deinen persönlichen Gesichtsausdruck, wie es dir am besten gefällt. Arbeite dabei sorgfältig, damit dein Teddy nachher knuffig aussieht. Vernähe alle restlichen Fäden.

10 Schlage für den Schal 5 Maschen in Vanille auf einer Nadelspiel-, Jacken- oder Rundstricknadel an. Stricke in Reihen nur rechte Maschen bis zu einer Länge von etwa 48 cm. Kette alle Maschen ab und vernähe die Fäden. Binde den Schal deinem Teddy um.

TIPP

Kleiner, süßer Begleiter für Tag und Nacht.

KAKTEEN – IMMER GRÜN UND SCHÖN ANZUSCHAUEN

KAKTEEN

1 Schlage 20 Maschen in Apfel für den schmalen Kaktus an.

2 Die erste Reihe strickst du wie folgt: 1 Randmasche rechts, (1 Masche rechts, 2 Maschen links) den Teil in Klammern () wiederholst du bis zur vorletzten Masche, die letzte Masche ist wieder eine Randmasche, stricke sie rechts. Randmaschen dienen dem späteren Zusammennähen.

3 Die zweite Reihe strickst du wie folgt: 1 Randmasche rechts, (2 Maschen rechts, 1 Masche links) den Teil in Klammern () wiederholst du bis zur vorletzten Masche, die letzte Masche als Randmasche rechts stricken.

4 Wiederhole Schritt 2 und 3 noch 14-mal (insgesamt hast du dann 30 Reihen).

5 Die folgende Reihe strickst du: 1 Randmasche rechts, (2 Maschen rechts zusammenstricken, 1 Masche links) den Teil in Klammern () wiederholst du bis zur vorletzten Masche, 1 Randmasche rechts. Es bleiben 14 Maschen übrig.

6 Nächste Reihe: 1 Randmasche rechts, (1 Masche rechts, 1 Masche links) den Teil in Klammern () wiederholst du bis zur vorletzten Masche, 1 Randmasche rechts.

7 Nächste Reihe: 1 Randmasche rechts, (2 Maschen rechts zusammenstricken) den Teil in Klammern () wiederholst du bis zur vorletzten Masche, 1 Randmasche rechts (8 Maschen). Diese Reihe noch einmal wiederholen (es bleiben 5 Maschen übrig).

TIPP

Du kannst sie mit bunten Stecknadeln oder Pompons verzieren.

Weiter auf Seite 126

MATERIAL

- Schachenmayr Catania Grande in Apfel (Fb 3205), 50 g
- Schachenmayr Catania Grande in Oliv (Fb 3392), 50 g
- Rundstricknadel 4 mm
- Füllmaterial
- 2 Pappkreise, ø 4 cm
- Textilkleber
- Tontöpfe, ø 8 cm und 7cm
- Wollnadel
- Schere

- Maße: Der schmale Kaktus ist etwa 14 cm hoch und 5 cm breit, der Topf Durchmesser 7cm, Höhe 6 cm. Der dicke Kaktus ist etwa 13 cm hoch und 7 cm breit, der Topf Durchmesser 8 cm, Höhe 7 cm.

- Maschenprobe: glatt rechts 17 Maschen x 25 Reihen (10 x 10 cm)

8 Den Faden sehr lang abschneiden und in eine Wollnadel fädeln. Die restlichen 5 Maschen nacheinander mit der Wollnadel von der Stricknadel nehmen und fest zusammenziehen.

Anschließend die Seitennaht schließen. Dabei rechts abwechselnd in den Steg neben der rechten Masche (siehe Schritt 5 auf S. 129) und links in einen Maschenbogen der linken Masche einstechen. Den Kaktus mit Füllwatte ausstopfen.

Weiter mit Schritt 12.

9 Schlage 34 Maschen in Oliv für den dicken Kaktus an.
Das Muster wie folgt stricken:
Reihe 1: 1 Randmasche, alle Maschen rechts stricken, 1 Randmasche
Reihe 2: 1 Randmasche, alle Maschen links stricken, 1 Randmasche
Reihe 3: 1 Randmasche, (1 Masche rechts, 1 Masche links) den Teil in Klammern () im Wechsel stricken, bis noch eine Masche übrig ist, 1 Randmasche
Reihe 4: 1 Randmasche, alle Maschen links stricken, 1 Randmasche
Diese 4 Reihen strickst du insgesamt 7-mal (28 Reihen).

10 Die folgenden 9 Reihen wie folgt stricken:
Reihe 1: 1 Randmasche, (2 Maschen rechts zusammenstricken) den Teil in Klammern () wiederholen, bis noch eine Masche übrig ist, 1 Randmasche (18 Maschen)
Reihe 2: 1 Randmasche, alle Maschen links stricken, 1 Randmasche
Reihe 3: 1 Randmasche, (1 Masche rechts, 1 Masche links) den Teil in Klammern () wiederholen, bis noch eine Masche übrig ist, 1 Randmasche
Reihe 4: 1 Randmasche, alle Maschen links stricken, 1 Randmasche
Reihe 5: 1 Randmasche, (2 Maschen rechts zusammenstricken) den Teil in Klammern () wiederholen, bis noch eine Masche übrig ist, 1 Randmasche (10 Maschen)
Reihe 6: 1 Randmasche, alle Maschen links stricken, 1 Randmasche
Reihe 7: 1 Randmasche, (2 Maschen rechts zusammenstricken) den Teil in Klammern () wiederholen, bis noch eine Masche übrig ist, 1 Randmasche (6 Maschen)
Reihe 8: 1 Randmasche, alle Maschen links stricken, 1 Randmasche
Reihe 9: (2 Maschen rechts zusammenstricken) den Teil in Klammern () wiederholen, bis noch eine Masche übrig ist (3 Maschen)

11 Ebenfalls den Faden lang abschneiden, durch die Maschen ziehen und die Naht schließen. Dabei abwechselnd in den Steg neben der Randmasche einstechen (siehe Schritt 5 auf S. 129).

12 Den Kaktus mit Füllwatte ausstopfen, den Pappkreis mit Textilkleber auf die untere Öffnung drücken und trocknen lassen. Dann kann der Kaktus in seinen Tontopf gestellt werden.

COOLE MÜTZE MIT NEONORANGE

MATERIAL

- Schachenmayr Boston in Neonorange (Fb 00122), 50 g Schachenmayr Boston in Mosaikblau (Fb 00065), 50 g
- Rundstricknadel 7 mm
- Pompon-Maker, ø 9 cm
- Wollnadel
- Schere

- Maße: passend für Kopfumfang von 51–55 cm, 23 cm breit und 20 cm hoch

- Maschenprobe: glatt rechts 13 Maschen x 18 Reihen (10 x 10 cm)

COOLE MÜTZE

1 Schlage 62 Maschen in Orange an. Lass den Anschlagfaden sehr lang. Du brauchst ihn später zum Zusammennähen. Stricke 10 Reihen im Rippenmuster. Teile dazu die Reihe wie folgt ein: 1 Randmasche rechts, (2 Maschen rechts, 2 Maschen links) den Teil in Klammern () bis zur vorletzten Masche wiederholen, die letzte Masche als Randmasche rechts.

2 Wechsele nun die Farbe und knote das blaue Knäuel an. Stricke jetzt 26 Reihen glatt rechts, wiederhole dazu die zwei folgenden Reihen: 1. Reihe – alle Maschen rechts stricken, 2. Reihe – 1 Randmasche rechts, alle Maschen links, die letzte Masche als Randmasche rechts. Anschließend alle Maschen abketten. Den Faden sehr lang abschneiden, da du ihn zum Vernähen benötigst.

3 Klappe nun die rechte und linke Kante zusammen. Fädele den Anschlagfaden (Orange) in eine Wollnadel und lege die Mütze so vor dich hin, dass du bequem nähen kannst. Stich zunächst in den Maschenbogen der linken Masche neben der Randmasche auf der rechten Seite ein. Zieh den Faden durch.

4 Auf der linken Seite stichst du unter dem Steg neben der rechten Masche ein. Zieh den Faden durch und fahre so fort bis der blaue Teil erreicht ist. Wenn du dabei sorgfältig arbeitest, siehst du die Naht später kaum.

5 Im blauen Teil kannst du weiter den orangen Faden benutzen. Er wird nicht zu sehen sein, wenn du ihn etwas anziehst. Hier stichst du auf beiden Seiten jeweils in den Steg neben der rechten Masche ein. Fahre fort, bis die Naht geschlossen ist und vernähe den Faden innen.

6 Drehe die Mütze auf die linke Seite. Um oben die Naht zu schließen, fädele den Abkettfaden in eine Wollnadel. Stich jetzt dicht an der Kante entlang etwa jeden Zentimeter nach oben und unten durch. Wenn du einmal herum bist, ziehe am Faden, so schließt sich die Öffnung.

7 Ziehe kräftig am Faden und nähe die restliche Öffnung zu. Vernähe den Faden und drehe die Mütze wieder auf rechts.

8 Fertige einen Pompon mit 9 cm Durchmesser in Orange an (siehe S. 155). Stich mit der Wollnadel die beiden Fäden des Pompons nach innen durch die Spitze der Mütze. Drehe die Mütze wieder auf links und verknote beide Fäden innen. Ziehe vorher kräftig am Faden. Vernähe die Fäden zum Schluss.

UTENSILO

1 Schlage 35 Maschen in Terrakotta an. Stricke 32 Reihen kraus rechts, das bedeutet, in Hin- und Rückreihen nur rechte Maschen stricken. Wechsele jetzt zu Silber und stricke weitere 114 Reihen kraus rechts. Alle Maschen abketten und die Fäden vernähen. Du hast jetzt ein Rechteck gestrickt.

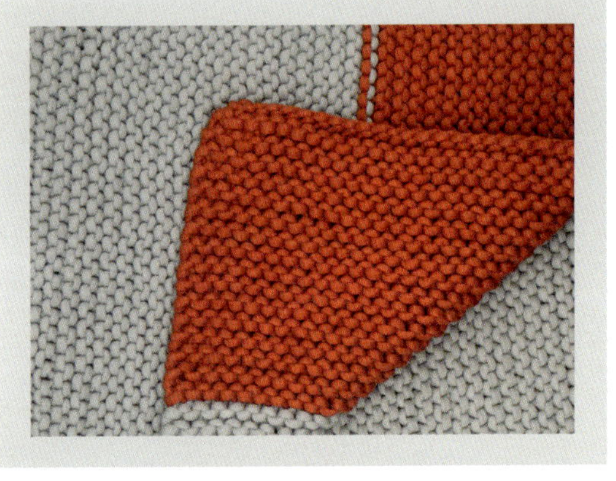

2 Lege die Rückseite nach oben und das Rechteck so, dass der Streifen in Terrakotta oben liegt. Lege die Kanten jetzt so aufeinander, dass sich das silberne und terrakottafarbene Ende etwa 3 cm überlappen. Steck es fest. Schließe die Naht bis dorthin. Der Rest bleibt offen, dort wird der Ast durchgesteckt. Auf der anderen Seite wiederholen.

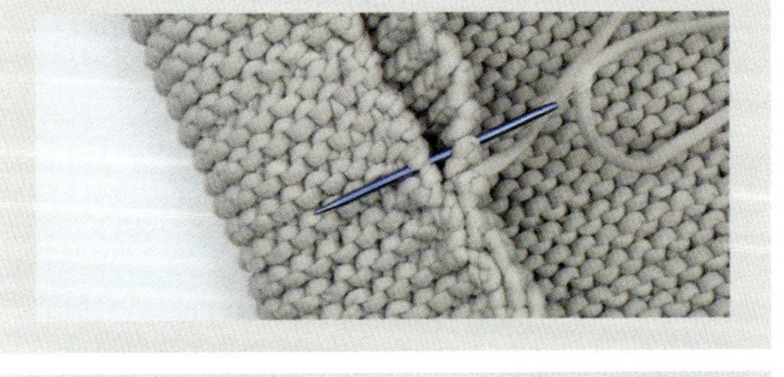

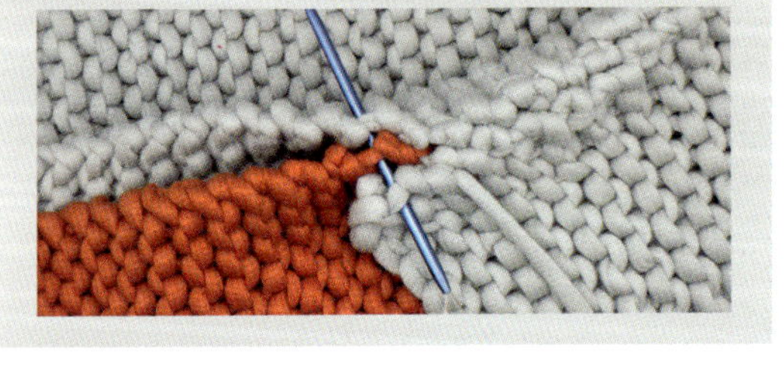

3 Drehe jetzt dein Utensilo auf rechts. Fertige mit der Strickgabel von prym eine ca. 110 cm lange Strickkette in Terrakotta an. Lege sie wie auf dem Bild gezeigt auf dein Utensilo auf und nähe die Enden fest. Seitlich kannst du sie mit einem Faden festknoten. Alle Fäden nach innen ziehen und vernähen.

4 Mit der Strickgabel eine ca. 50 cm lange Strickkette in Silber für den Henkel anfertigen. Nähe die Kette oben am Utensilo fest. Drehe das Utensilo nun noch einmal auf die linke Seite. Schneide einen etwa 150 cm langen Faden in Silber ab. Lege dann einen Ast auf die Bruchkante zwischen Terrakotta und Silber auf und nähe den Stock fest. Alle Fäden vernähen.

UTENSILO ZUM AUFHÄNGEN

MATERIAL

- Schachenmayr Cotton Jersey in Silber (Fb 91), 300 g
- Schachenmayr Cotton Jersey in Terrakotta (Fb 25),100 g
- Rundstricknadel 8 mm
- Strickgabel von prym
- Deko-Ast oder Stock, 50 cm
- Wollnadel
- Schere

- Maße: 32 cm breit, 36 cm hoch

- Maschenprobe: glatt rechts 11 Maschen x 15 Reihen (10 x 10 cm)

TIPP

An die Strickkordel kannst du mit kleinen Klammern Postkarten oder Bilder anhängen.

BUNTE GIRLANDE

1 Schlage 30 Maschen in Vanille an. Lass den Anschlagfaden länger, da du ihn später zum Vernähen brauchst. Stricke jetzt 12 Reihen kraus rechts (nur rechte Maschen).

2 Stricke eine Reihe alle Maschen rechts und in der Rückreihe 5 Randmaschen rechts, 20 Maschen links, 5 Randmaschen rechts.

3 Teile deine Reihe jetzt wie folgt ein: 5 Randmaschen rechts, 2 Maschen rechts zusammenstricken, alle Maschen rechts stricken bis zu den letzten 7 Maschen, 2 Maschen rechts zusammenstricken, 5 Randmaschen rechts.

4 Die Rückreihe strickst du so: 5 Randmaschen rechts, alle Maschen links stricken bis zu den letzten 5 Maschen, 5 Randmaschen rechts.

5 Wiederhole Schritt 3 und 4, bis du nur noch 11 Maschen auf der Nadel hast.

6 Jetzt nur noch rechts stricken: 1 Randmasche rechts, 2 Maschen rechts zusammenstricken, alle Maschen rechts stricken bis zu den letzten 3 Maschen, 2 Maschen rechts zusammenstricken, 1 Randmasche rechts. In der Rückreihe alle Maschen rechts stricken. Noch 2x wiederholen.

7 Jetzt strickst du: 2 Maschen rechts zusammenstricken, 1 Masche rechts, 2 Maschen rechts zusammenstricken (3 Maschen). In der Rückreihe strickst du dann alle Maschen rechts. In der folgenden Reihe alle drei Maschen rechts zusammenstricken, den Faden abschneiden und durch die Schlaufe ziehen. Diese Schritte wiederholst du mit Mint.

8 Schlage 30 Maschen in Apfel an. Lass den Anschlagfaden länger, da du ihn später zum Vernähen brauchst. Stricke jetzt 14 Reihen kraus rechts (nur rechte Maschen).

9 Teile deine Reihe jetzt wie folgt ein: 1 Randmasche rechts, 2 Maschen rechts zusammenstricken, alle Maschen rechts stricken bis zu den letzten 3 Maschen, 2 Maschen rechts zusammenstricken, 1 Randmasche rechts. In der Rückreihe strickst du alle Maschen rechts. Diese beiden Reihen wiederholst du, bis du nur noch 4 Maschen auf der Nadel hast.

10 In der folgenden Reihe strickst du 2-mal 2 Maschen rechts zusammen Dann strickst du die Rückreihe rechts und in der letzten Hinreihe strickst du dann die 2 letzten Maschen rechts zusammen. Schneide den Faden ab und ziehe ihn durch die Schlinge. Wiederhole diese Schritte mit Kamelie und Gold.

11 Spanne alle Dreiecke. Fertige eine Strickkordel mit ca. 230 cm Länge an, indem du einen I-Cord mit 4 Maschen strickst oder die Strickmühle nutzt. Lege jetzt die Dreiecke in der Reihenfolge Apfel, Vanille, Kamelie, Mint und Gold auf die Kordel. Dann klappst du den geraden Teil ohne Abnahmen um die Kordel und nähe ihn fest. Die Dreiecke können dadurch weiterhin verschoben werden. Zum Schluss noch alle Fäden vernähen.

BUNTE GIRLANDE

MATERIAL

- Schachenmayr Catania Grande in Apfel (Fb 3205), 50 g
- Schachenmayr Catania Grande in Vanille (Fb 3211), 50 g
- Schachenmayr Catania Grande in Mint (Fb 3385), 50 g
- Schachenmayr Catania Grande in Kamelie (Fb 3252), 50 g
- Schachenmayr Catania Grande in Gold (Fb 3249), 50 g
- Rundstricknadel 4 mm
- Wollnadel
- Schere

- Maße: Kordellänge ca. 230 cm, Dreieck ca. 18 cm breit und 15 cm hoch

- Maschenprobe: glatt rechts 17 Maschen x 25 Reihen (10 x 10 cm)

TIPP

Stricke die Dreiecke in zwei Varianten.

MATERIAL

- Schachenmayr Catania Grande in Mint (Fb 3385), 50 g
- Schachenmayr Catania Grande in Kamelie (Fb 3252), 50 g
- Schachenmayr Catania Grande in Vanille (Fb 3211), 50 g
- Rundstricknadel 4 mm
- Häkelnadel 3,5 mm
- Wollnadel
- Schere

- Maße: ca. 20 x 20 cm

- Maschenprobe: glatt rechts 17 Maschen x 25 Reihen (10 x 10 cm)

TOPFLAPPEN

TOPFLAPPEN

1 Schlage 31 Maschen in Mint an. Nun strickst du 52 Reihen im Perlmuster, das heißt, 1 Masche rechts und 1 Masche links immer im Wechsel stricken. Die Reihe endet mit einer Masche rechts. Kette alle Maschen im Muster ab (siehe Stricken Schritt für Schritt S. 114). In die letzte Schlaufe häkelst du noch den Henkel.

2 Für den Henkel eine Häkelnadel in die letzte Schlaufe stecken und den Faden durchholen.

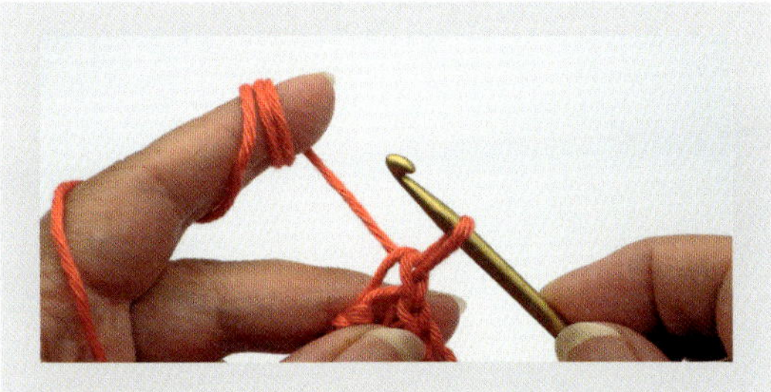

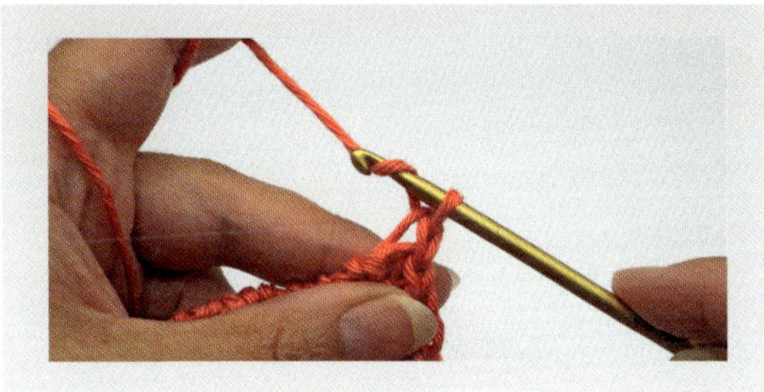

3 Häkle 20 Luftmaschen. Sieh dir dazu den Abschnitt in Häkeln Schritt für Schritt an (S. 76). Zuletzt stichst du wieder in die erste Masche ein, holst den Faden durch und ziehst ihn durch beide Maschen. Schneide den Faden ab und ziehe ihn durch die letzte Schlaufe. Zum Schluss vernähst du noch die Fäden.

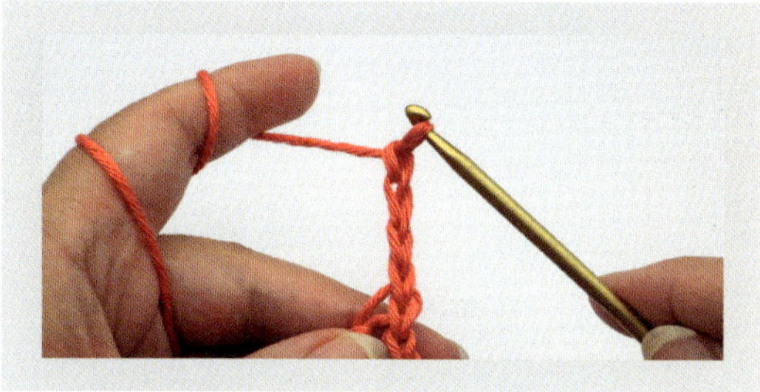

4 Schlage 31 Maschen in Kamelie an. Stricke 12 Reihen kraus rechts, also immer nur rechte Maschen. Wechsele die Farbe und stricke 6 Reihen kraus rechts in Vanille. Wechsele wieder zu Kamelie und stricke 6 Reihen kraus rechts. Anschließend noch weitere 6 Reihen in Vanille kraus rechts. Nun steht der letzte Farbwechsel an. Dazu strickst du in Kamelie weitere 28 Reihen in kraus rechts. Kette alle Maschen ab und häkele den Henkel wie zuvor.

MATERIAL

- Gründl Funny color in Türkis-Koralle-Color (Fb 05), 100 g
- Rundstricknadel 6 mm mit 60 cm Seil
- Strickgabel von prym
- Wollnadel
- Schere

- Maße: 36 cm breit, 26 cm hoch

- Maschenprobe: glatt rechts 10 Maschen x 21 Reihen (10 x 10 cm)

BUNTER LOOP

BUNTER LOOP

1 Schlage 60 Maschen an. Schließe die Runde und hänge einen Maschenmarkierer ein. Schau bei Stricken Schritt für Schritt (S. 110).

2 Stricke 55 Runden nur rechte Maschen. Kette alle Maschen locker ab.

3 Fertige mit dem Rest des Knäuels zwei Strickkordeln mit der Strickgabel von prym an. Eine genaue Beschreibung mit Bildern liegt der Strickgabel bei. Die Kordeln sollten eine Länge von etwa 38 cm haben.

4 Rolle die Kordel zu einer Schnecke zusammen. Nimm den Faden aus dem Inneren und nähe die Schnüre zusammen, sodass eine Blume entsteht, die sich nicht mehr öffnet.

5 Nähe mit dem Faden von außen ins Innere und verknote beide Fäden. Drapiere beide Blumen jetzt auf dem Loop und stich die Fäden mit der Wollnadel nach innen durch. Auf der Rückseite verknoten und die Blume festnähen. Dazu mehrfach von innen nach außen durchstechen.

TIPP

Du kannst den Loop auch breiter oder höher stricken. Nimm dafür mehr Maschen auf oder stricke einfach mehr Runden.

KOMME, WAS WOLLE.

Für alle, die nicht genug bekommen können, gibt es noch digital zusätzliche Modelle.

WEBEN & CO

POMPON-SCHABLONEN
SCHIFFCHEN
KAMM
KINDER-
WEBRAHMEN
KARTON FÜR EINEN SELBST
GEBASTELTEN RAHMEN

POMPON-SETS
SCHERE
WOLLE
UHU
BASTEL KLEBER
Colle de Bricolage
KLEBER

GRUNDAUSSTATTUNG

SPANNFÄDEN

Beim Weben benötigst du Spann- und Webfäden. Die Spannfäden werden auf den Webrahmen aufgespannt. Du kannst dafür festes Baumwollgarn oder farbige, feste Wolle nehmen. Sie sollte sich später beim Weben möglichst nicht verziehen.

WOLLE ZUM WEBEN

Du kannst mit verschiedenen Materialien weben. Wolle gibt es in vielen verschiedenen Farben und Stärken. Du kannst das Weben auch mit Bändern, Stoffstreifen oder sogar Papier ausprobieren.

SCHIFFCHEN

Auf das Schiffchen wickelst du die Wolle, um sie damit zwischen den gespannten Fäden hindurchzuführen.

KAMM

Mit dem Kamm schiebst du deine Webarbeit immer wieder glatt.

RAHMEN AUS EINEM STÜCK KARTON BAUEN

Auch aus einem Stück Karton kannst du dir selbst einen Webrahmen bauen. Schneide dafür ein 20 cm x 30 cm großes Rechteck aus und kleine Kerben in zwei sich gegenüberliegende Seiten. Zwischen den Kerben lässt du jeweils 5 mm Abstand.

Umwickle den Karton anschließend mit einem Spannfaden und führe ihn dabei jeweils durch die Kerben.

Schneide zwei weitere Streifen von 2,5 cm x 20 cm aus dem Karton und schiebe sie unter die Spannfäden, um sie zu spannen. Außerdem heben sie sich so etwas von der Grundplatte ab, sodass du das Schiffchen leichter zwischen den Fäden hindurchschieben kannst.

RAHMEN AUS EINEM SCHUHKARTON BAUEN

Schneide zwei gegenüberliegende Seiten im Abstand von 5 mm mehrmals ca. 1 cm ein. Anschließend kannst du die Spannfäden aufziehen (siehe Seite 144).

SCHIFFCHEN SELBER HERSTELLEN

Für das Schiffchen findest du eine Vorlage auf dem Vorlagebogen. Übertrage sie auf ein Stück festen Karton und schneide das Schiffchen aus.

KINDERWEBRAHMEN

Es gibt im Bastelfachhandel Kinderwebrahmen zu kaufen, die sich gut für erste Modelle eignen. Die Sets enthalten meist einen Kamm und ein Schiffchen. Sie werden wie die selbstgebauten Rahmen bespannt. Halte dich am besten an die Anleitung des Herstellers.

SCHRITT FÜR SCHRITT

KINDERWEBRAHMEN BESPANNEN

Knote den Spannfaden an einem linken Schlitz fest. Führe ihn dann durch diesen Schlitz zur rechten Seite und durch den danebenliegenden Schlitz wieder zurück. Wiederhole den Vorgang, bis du die gewünschte Breite erreicht hast. Verknote den Faden am letzten Schlitz.

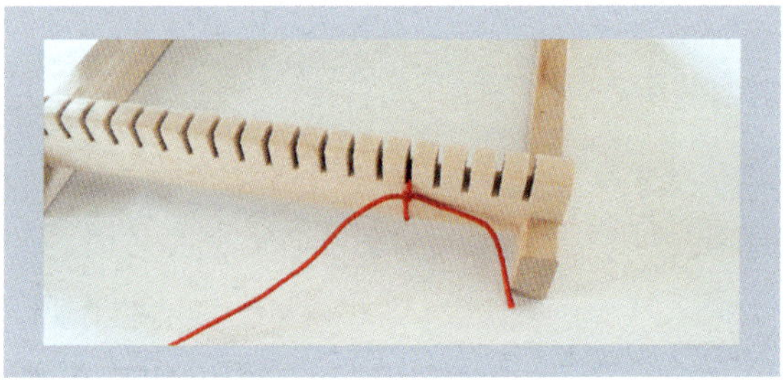

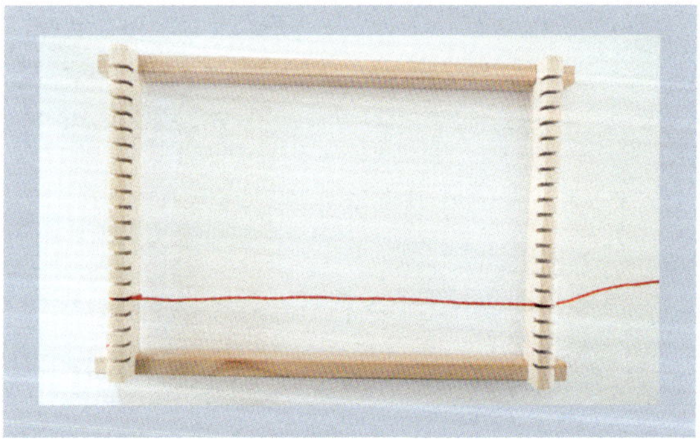

METALLSPEICHEN

Wenn du ganz sicher gehen möchtest, dass sich dein Webstück beim Weben nicht zusammenzieht, positionierst du Metallspeichen an den Rändern der Arbeit. Befestige sie, indem du an den Schrauben drehst.

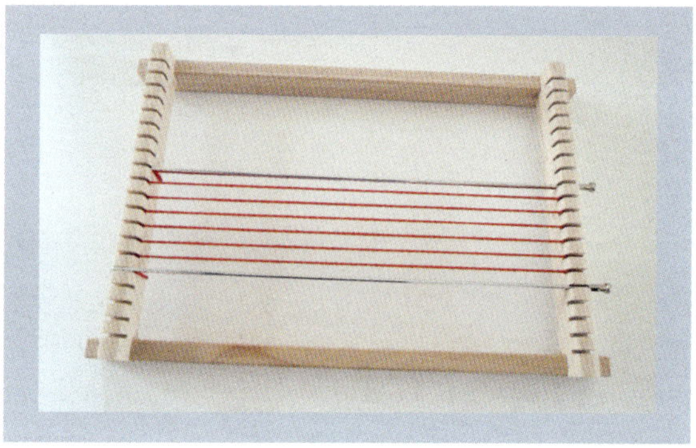

SCHIFFCHEN VORBEREITEN

Wickle einen langen Webfaden um das Schiffchen. So kannst du den Faden leicht zwischen den Spannfäden hindurch schieben.

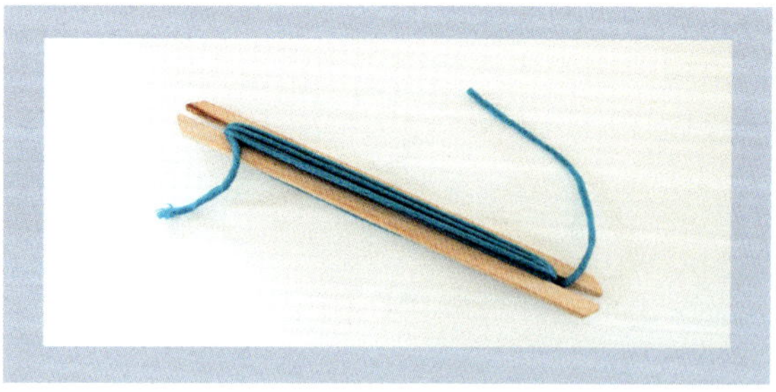

WEBEN

Führe den Webfaden immer abwechselnd über und unter den Spannfäden hindurch. Nach jeder Reihe wendest du und webst den Faden im Wechsel über und unter den Spannfäden hindurch. Ziehe den Faden am Reihenende nicht zu fest an, da sich dein Webstück sonst zusammenzieht.

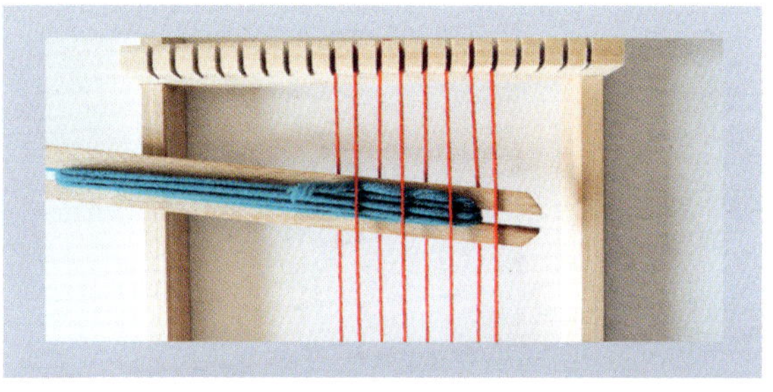

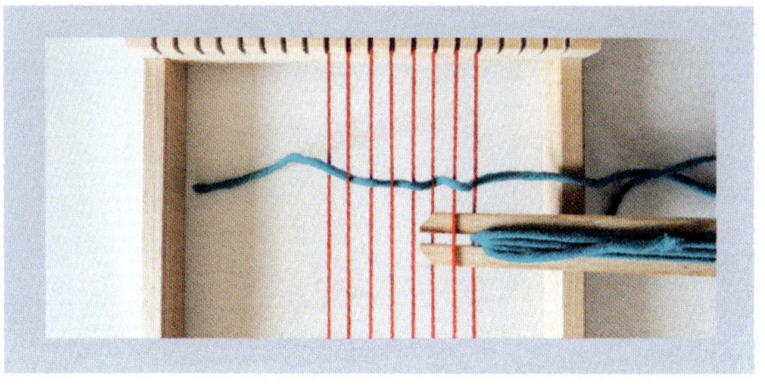

FARBWECHSEL

Für einen Farbwechsel verknotest du das Fadenende von der Wolle auf dem Schiffchen mit dem Anfang des neuen Fadens.

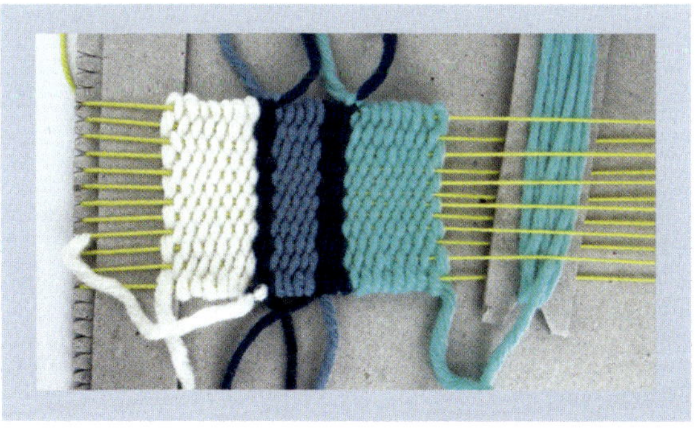

GLÄTTEN

Schiebe dein Webstück zwischendurch immer wieder mit dem Kamm nach unten, damit es schön glatt und stabil wird.

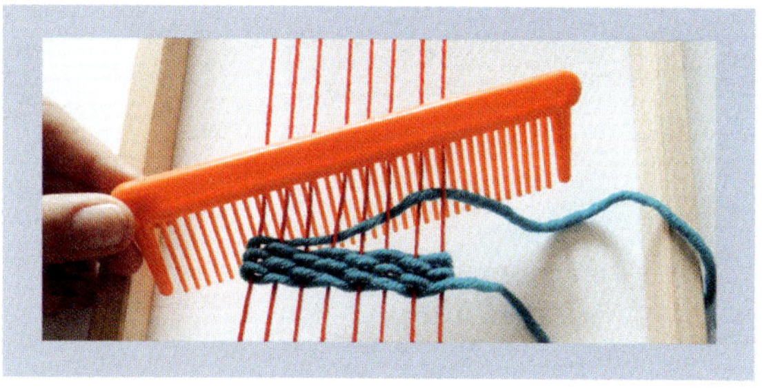

FERTIGSTELLEN

Hast du den Webrahmen komplett voll gewebt, nimmst du dein Webstück vorsichtig ab. Streiche die Fäden nach beiden Seiten zu den Schlingen hin aus.

Webst du ein kleineres Stück auf dem Webrahmen, schneidest du die Spannfäden mit einigem Abstand zum Webstück durch, um das Webstück abzunehmen.

Verknote immer zwei nebeneinanderliegende Spannfäden miteinander. Den Anfang und das Ende des Webfadens verknotest du ebenfalls mit den Spannfäden oder du vernähst sie auf der Rückseite des Webstückes.

MATERIAL

- Spannwolle in Gelb
- Webwolle in Weiß und in Blautönen
- 1 Ast, ø ca. 1 cm, 12 cm lang
- Bastelfilzreste in Gelb und Schwarz
- Filz in Weiß, 1 mm stark, 3 cm x 6 cm
- Bastelfilz in Blau, 1 mm stark, 5 cm x 10 cm
- Bastelkleber

AUSSCHNEIDEN

- Filz in Weiß: 2x Augenkreis
- Filz in Schwarz: 2x Pupille
- Filz in Gelb: 1x Schnabel
- Filz in Blau: 2x Flügel

Vorlage auf Bogen B

EULE AM AST

EULE AM AST

1 Spanne insgesamt 12 Spannfäden in Gelb auf einen Stickrahmen.

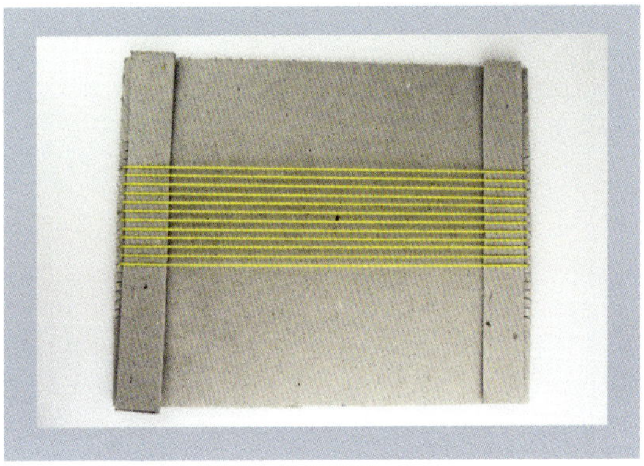

2 Jetzt webst du die Eule mit verschiedenen Farben. Beginne mit einem Bereich in Weiß. Zwischendurch schiebst du das Webstück immer wieder mit einem Kamm glatt.

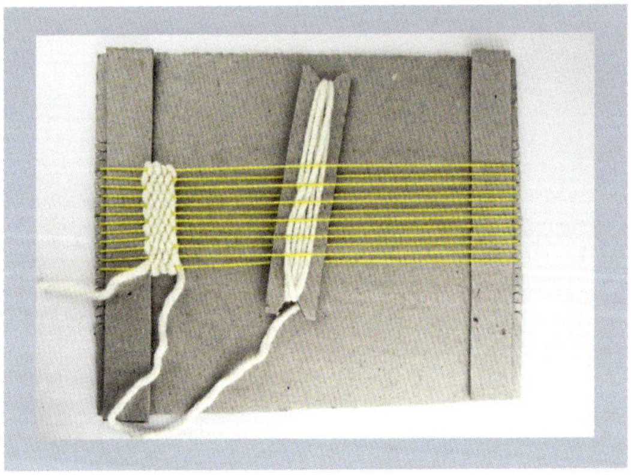

3 Anschließend webst du in den verschiedenen Blautönen weiter, bis dein Webstück etwa 10 cm lang ist. Für die Farbwechsel knüpfst du eine jeweils neue Farbe an den Endfaden der vorherigen an.

4 Für die Ohren webst du von beiden Rändern her zuerst vier Bahnen jeweils um die äußeren vier Spannfäden. Dann webst du noch zwei Bahnen um die äußeren zwei Spannfäden.

5 Um die Eule von dem Webrahmen abzulösen, schneidest du die Spannfäden so durch, dass du möglichst lange Fäden an dem Webstück behältst. Dafür schneidest du die Fäden auf der unteren Seite des Rahmens durch.

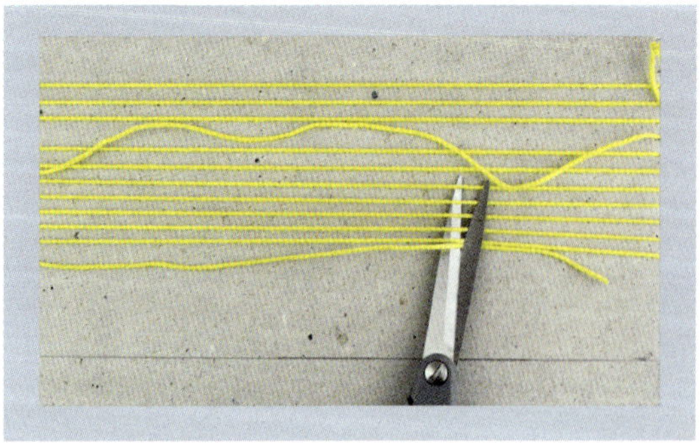

6 Lege die Fäden am unteren Rand der Eule zu vier Strängen mit jeweils drei Fäden. Schlinge pro Fuß zwei Stränge um den Ast und verknüpfe sie miteinander. Anschließend die Fadenenden auf 2 cm Länge zurückschneiden.

7 Die Spannfäden am Kopfbereich der Eule auf der Rückseite vernähen. Fädle sie dafür in eine Sticknadel und schiebe sie durch einige Webschlaufen, bevor du sie abschneidest.

8 Die Webfäden kurz abschneiden und auf der Rückseite der Eule mit Bastelkleber fixieren.

9 Befestige einen Faden zum Aufhängen der Eule an dem Kopfbereich. Ziehe ihn dafür an beiden Ohren durch das Webstück und verknote die Enden.

10 Augenteile und Schnabel gemäß Vorlage ausschneiden und mit Bastelkleber auf dem Kopfbereich der Eule befestigen, die Flügel im Körperbereich.

KÖRBCHEN

1 Knicke die Seitenteile deines Körbchens an dem Karton nach oben.

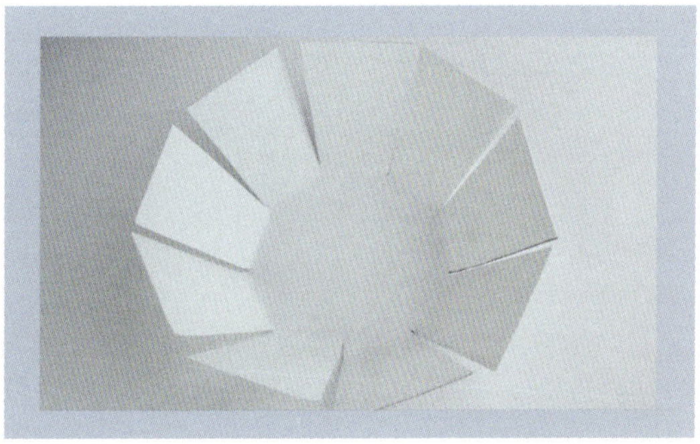

2 Nimm einen Wollfaden und knüpfe einen dicken Knoten in ein Ende. Schiebe das Ende mit dem Knoten von innen zwischen zwei Seitenteile, sodass der Faden fixiert ist.

3 Umwebe die Seitenteile des Körbchens, indem du den Faden abwechselnd von außen und innen zwischen zwei Teilen hindurchführst. Arbeite dich so voran, bis du den unteren Bereich des Körbchens umwebt hast.

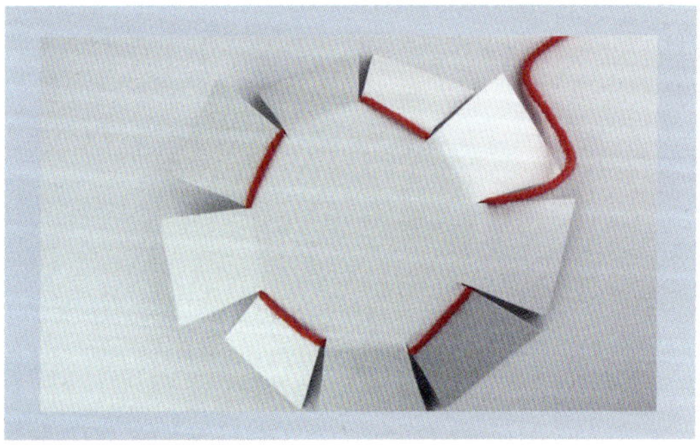

4 Für einen Farbwechsel knüpfst du eine neue Farbe an deinen Webfaden. Achte darauf, dass der Knoten dann innen in dem Körbchen liegt, damit es außen schön aussieht.

5 Bevor du die letzte Reihe am oberen Rand webst, streichst du ihn innen und außen mit Kleber ein. Dann können die Fäden später nicht über den Rand hinausrutschen.

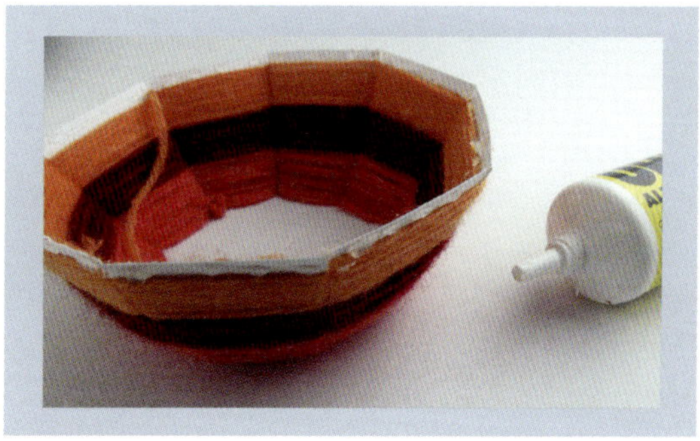

6 Wenn du dein Körbchen komplett umwebt hast, verknotest du das Fadenende auf der Innenseite mit einem gewebten Faden. Schneide das Ende auf 1 cm Länge ab.

MATERIAL

- Tonkarton in Weiß, 18 cm x 18 cm
- Webwolle

Vorlage auf Bogen A

VORBEREITEN

Pause die Vorlage von dem Bogen ab und übertrage sie auf das Kartonstück. Anschließend schneidest du den Karton entlang der Konturen aus.

TIPP

Wenn du Körbchen in verschiedenen Größen weben möchtest, vergrößere oder verkleinere die Vorlage einfach an einem Kopierer.

KÖRBCHEN

MATERIAL

- Spannwolle in Weiß
- Webwolle in Gelb und Blau
- Nähnadel und stumpfe Sticknadel
- 3 Knöpfe mit Schmetterlingsmotiv, ø 1–2 cm
- farblich passendes Garn

VORBEREITEN

Wenn du keinen gekauften Webrahmen besitzt, baust du dir einfach selbst einen aus Karton. Wie das geht, kannst du auf Seite 142 nachlesen. Schneide auch ein Schiffchen aus Karton aus.

BUNTER GLASUNTERSETZER

GLASUNTERSETZER

1 Bespanne deinen Rahmen in einer Breite von 9 cm mit Spannfäden in Weiß.

2 Wickle die hellorange Wolle um das Schiffchen und beginne zu weben.

3 Zwischendurch glättest du dein Webstück immer wieder mit dem Kamm.

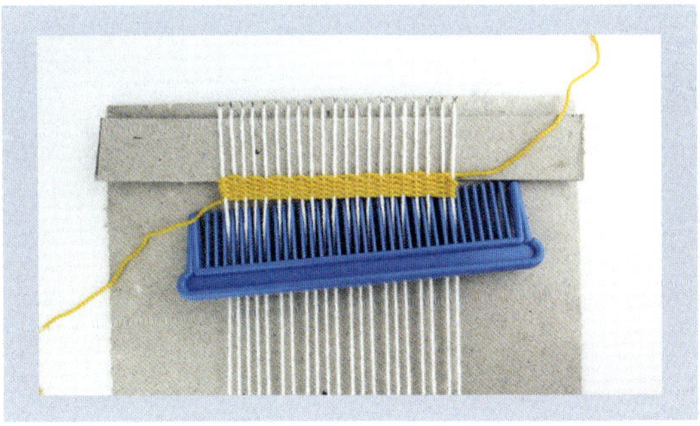

4 Um die Farbe zu wechseln, umwickle das Schiffchen mit der Wolle in Blau. Verknote den Anfangsfaden mit dem Endfaden an deinem Webstück. Die Fadenenden dabei etwas länger lassen, damit du sie später vernähen kannst. Webe deinen Untersetzer fertig, bis ein Glas gut darauf Platz hat.

5 Zuletzt das Webstück abnehmen und die Spannfäden miteinander verknoten. Den Anfangs- und Endfaden verknotest du ebenfalls mit den danebenliegenden Spannfäden.

6 Vernähe die Fadenenden auf der Unterseite des Webstückes. Ziehe sie dafür einzeln auf eine stumpfe Sticknadel und ein kleines Stück zwischen den Webfäden hindurch. Danach kannst du sie knapp abschneiden.

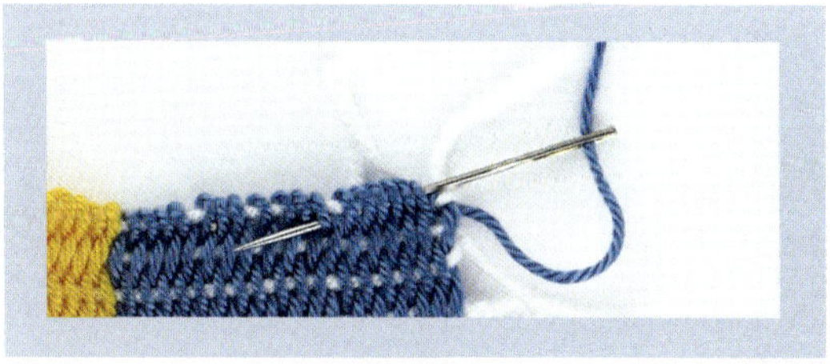

7 Zuletzt verzierst du deinen Untersetzer mit Knöpfen. Nähe sie dicht am Rand auf, damit das Glas später noch gut darauf stehen kann (siehe „Knöpfe annähen" Seite 19).

GRUNDAUSSTATTUNG

WOLLE

Es gibt viele verschiedene Wollgarne aus unterschiedlichen Materialien. Schön füllig werden Pompons mit flauschiger, dicker Wolle oder auch Filz-Wolle.

POMPON-SCHABLONEN

Zum Wickeln der Pompons brauchst du zwei Pappringe. Auf Bogen B findest du Vorlagen für Pompon-Schablonen, mit denen du Pompons ganz leicht herstellen kannst.

POMPON-SETS

Es gibt auch fertige Pompon-Sets zu kaufen. Sie beinhalten meist mehrere Größen. Wenn du sie benutzen möchtest, lege sie auf die Vorlagen im Buch, um zu sehen, welche Größe du für dein Modell benötigst.

SCHERE

Am besten eignet sich eine spitze Schere, um die Fäden, die du um die Pompon-Schablone gewickelt hast, aufzuschneiden.

KLEBER

Kleinteile kannst du mit Bastelkleber oder Heißkleber an den Pompons anbringen. Musst du zwei Pompons miteinander verbinden, verwendest du am besten Heißkleber.

SCHRITT FÜR SCHRITT

POMPON-SCHABLONE VORBEREITEN

Pause die passende Schablone in Größe 1–4 von Bogen B ab und übertrage sie zweimal auf festen Karton. Schneide beide Schablonen aus.

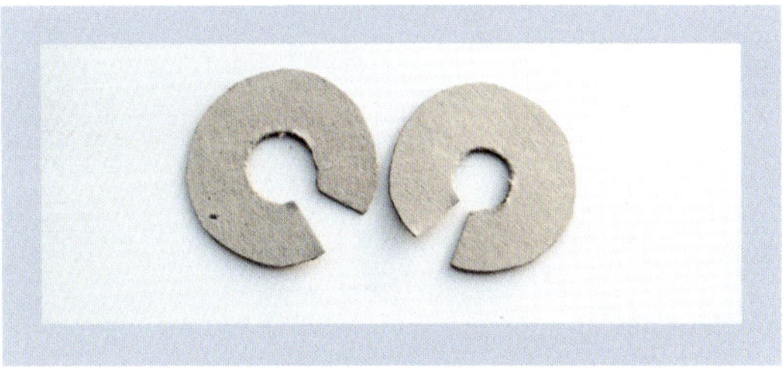

POMPON FERTIGEN MIT SCHABLONE

Lege die Schablonen übereinander und umwickle sie mit einem Wollfaden, bis das Loch in der Mitte gefüllt ist. Schiebe eine Scherenspitze entlang am Pomponrand und schneide die Wollfäden ringsherum auf. Schiebe die Schablonen etwas auseinander und führe einen Wollfaden in den Spalt. Ziehe den Faden fest an und verknote ihn. Die Schablonen ablösen. Schneide den Pompon etwas zurecht, damit er schön rund wird.

POMPON FERTIGEN MIT POMPON-SET

Pompon-Sets enthalten meist Schablonen für Pompons in 3–4 verschiedenen Größen. Welche Größe für die Modelle im Buch passt, kannst du ausprobieren, indem du sie auf die Schablonenvorlagen auf dem Vorlagebogen hältst.

1 Ein Set besteht pro Größe aus vier Teilen, davon sind zwei Teile jeweils gleich. Stelle je zwei unterschiedliche Schablonenteile mit den Halbbögen zueinander. Umwickle beide Halbkreise mit Wolle, bis die Öffnung am Boden mit Wolle gefüllt ist.

2 Jetzt fügst du die beiden Halbkreise zusammen. Dabei greift jeweils ein gebogenes Teil in ein flaches Teil hinein, sodass du einen vollen Kreis erhältst.

3 Danach schneidest du die gewickelten Schlingen entlang der Rundung wie abgebildet auf. Lege einen Wollfaden in den Spalt zwischen den Schablonen. Ziehe den Faden fest an und verknote ihn mit einem Doppelknoten.

4 Zuletzt nimmst du die Schablonenteile vorsichtig ab. Jetzt brauchst du den Pompon nur noch ein wenig in Form zu bringen – fertig!

GABEL-POMPONS

Umwickle die vier Zinken einer Gabel mit Wolle. Führe einen Wollfaden zwischen den mittleren Gabelzinken rings um den Wollstrang herum und verknote ihn. Schiebe den Wollstrang von der Gabel und schneide die Wollfäden auf. Den Pompon etwas zurechtschneiden, damit er hübsch rund wird.

FARBWECHSEL FÜR BUNTE POMPONS

Für einen mehrfarbigen Pompon umwickelst du die Schablone mit einem Strang Wolle. Schneide den Faden ab und wickle mit einer zweiten Farbe weiter. Du kannst auch mehrfach die Farbe wechseln.

ABBINDEFÄDEN

Manchmal brauchst du die Abbindefäden noch, um weiter zu basteln. Lass sie in dem Fall einfach lang am Pompon hängen. Damit du sie beim Zurechtschneiden des Pompons nicht aus Versehen abschneidest, hältst du sie dabei am besten zwischen den Fingern fest.

FERTIGSTELLEN VON MODELLEN

Pompons zusammenfügen
Du kannst an zwei Pompons die Abbindefäden lang lassen und sie miteinander verknoten. Oder du klebst die Pompons mit Heißkleber zusammen.

Vorlagen übertragen
Für einige Modelle findest du Vorlagen auf dem Vorlagebogen. Pause diese auf dünnes Papier oder Transparentpapier ab und schneide sie mit einer Papierschere aus. Anschließend legst du sie auf dein Bastelmaterial und umrandest die Vorlage mit Bleistift.

Kleinteile flach auf den Pompon kleben
Teile, die flach auf den Pompon geklebt werden, streichst du mit Kleber ein und drückst sie fest auf den Pompon.

Kleinteile abstehend am Pompon anbringen
Sollen die Kleinteile von dem Pompon abstehen, klebst du sie zwischen die Fäden. Drücke die Fäden dafür auseinander und schiebe das Teil Richtung Pompon-Mitte, bevor du es mit Kleber befestigst.

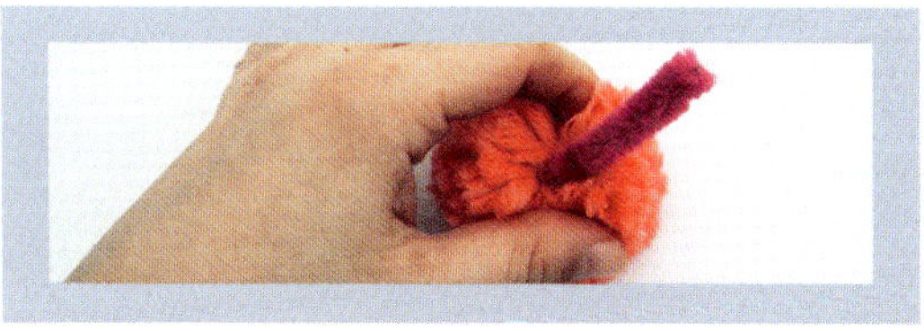

SCHAL MIT POMPONS

SCHAL

1 Falte den Fleece-Stoff der Länge nach mittig rechts auf rechts (siehe Seite 15) und stecke die Stofflagen mit Stecknadeln aufeinander. Nähe die lange Kante und beide kurzen Kanten füßchenbreit mit Jerseystichen zusammen (siehe Seite 17). Dabei lässt du an einer kurzen Kante eine 8 cm lange Wendeöffnung aus.

2 Schneide die Nahtzugaben an den genähten Ecken ab (siehe Seite 18). So kannst du bei dem Wenden des Schals die Spitzen schöner ausformen.

Weiter auf Seite 160

MATERIAL

Schal

- Fleece in Rot-Grau meliert, 140 cm lang, 70 cm breit
- farblich passendes Garn für die Nähmaschine

Pompon

- Wolle
- farblich passendes Sticktwist
- spitze Sticknadel

Vorlage auf Bogen B
Pompon-Schablone Größe 3

TIPP

Wenn du noch nicht mit der Nähmaschine nähen kannst, nähe den Schal einfach mit Vorstichen zusammen. Lies dir dafür die Erklärung auf Seite 49 durch. Du kannst aber auch einen fertig gekauften Schal mit Pompons verzieren.

3 Den Schal durch die Wendeöffnung wenden, sodass die schönen Seiten außen liegen. Schiebe die Nahtzugaben an der Wendeöffnung 1 cm breit nach innen und fixiere sie mit Stecknadeln. Nähe die Wendeöffnung mit kleinen Überwendlingsstichen zu (siehe Seite 19).

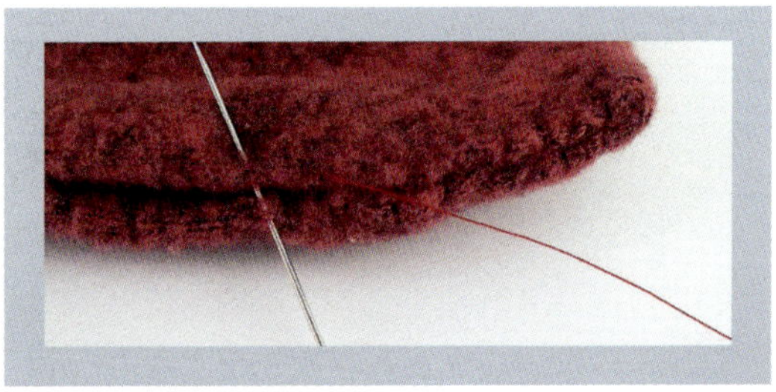

4 Fertige acht Pompons an, um jede Ecke des Schals mit zwei Pompons verzieren zu können. Binde die Pompons mit farblich passendem Sticktwist ab und lass die Abbindefäden lang hängen.

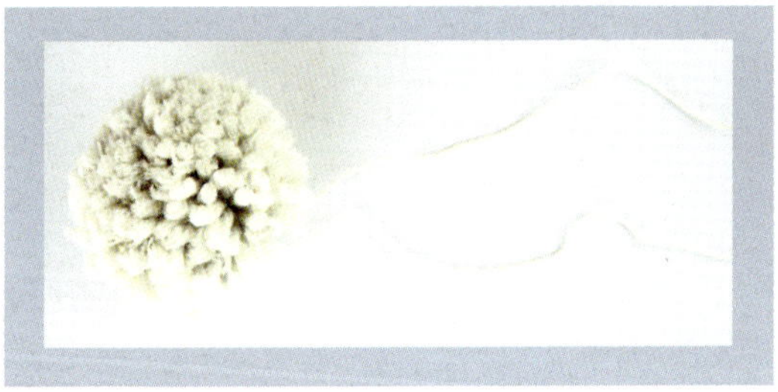

5 Auf einen Abbindefaden eines Pompons die spitze Sticknadel fädeln. Stich jetzt mit der Nadel dicht an einer Ecke des Schals durch die Stofflagen und ziehe an dem Faden, bis der Pompon fest am Stoff anliegt. Wiederhole den Vorgang noch zweimal, sodass der Pompon nicht mehr verrutschen kann.

6 Die Nadel wieder von dem Abbindefaden abziehen, beide Fäden mit einem festen Doppelknoten verbinden und bis auf 1 cm zurückschneiden.

7 Wiederhole Schritt 4–6 mit einem zweiten Pompon. Befestige ihn dicht neben dem ersten.

8 Jetzt befestigst du wie in Schritt 4–7 beschrieben jeweils zwei Pompons an den restlichen drei Ecken des Schals.

LAMA

MATERIAL

- Wolle in Weiß
- Heißkleber
- Filz in Gelb, 1 mm stark, 7 cm x 14 cm
- Mini-Pompon-Borte in Pink, 1 cm breit, 15 cm lang
- 5 Mini-Pompons in Rot, ø 5–8 cm
- 4 Mini-Pompons in Hellblau, ø 5–8 cm
- Zackenlitze in Gelb, 8 mm breit, 15 cm lang
- Bastelkleber
- Sticktwistreste in Orange und Dunkelrot
- 2 Plastikhalbkugeln in Schwarz, ø 8 mm
- Filz in Naturweiß, 1 mm stark, 4 cm x 5 cm

ZUSCHNEIDEN

- Filz in Naturweiß: 2x Ohr
- Mini-Pompon-Borte in Pink: 2x 7 cm
- Zackenlitze in Gelb: 2x 7 cm

Vorlagen auf Bogen B Pompon-Schablone Größe 1, 3 und 4

LAMA

1 Fertige zehn Pompons in Größe 1, zwei Pompons in Größe 3 und zwei Pompons in Größe 4 an.

2 Für den Körper klebst du mit Heißkleber die beiden Pompons in Größe 4 zusammen. Drücke die Wollfäden an den Klebestellen auseinander, um den Kleber möglichst dicht an dem inneren festen Kern der Pompons anbringen zu können.

3 Schneide den Körper zu einer länglichen ovalen Form zurecht. Gut sieht es aus, wenn man die Übergänge zwischen beiden Pompons nicht mehr erkennt.

4 Für die vier Beine klebst du jeweils zwei Pompons der Größe 1 aneinander. Schneide die Beine etwas schmaler zurecht und zu einem Ende hin etwas spitzer.

5 Für den Kopf und Hals klebst du jeweils einen Pompon der Größe 1 seitlich an einen Pompon der Größe 3. Schneide einen zusammengeklebten Pompon als Hals etwas schmaler zurecht.

6 Klebe nun den Kopf mit dem Halsstück auf den Körper und die Beine mit den stumpferen Enden unter dem Körper fest. Gut sieht es aus, wenn die vier Beine wie bei einem Lama etwas nach innen gerichtet sind.

7 Verziere die Decke wie abgebildet mit den Bändern und Pompons.

8 Für die Quasten wickelst du jeweils einen Strang von 4 cm Länge. Binde den Strang unterhalb eines Endes fest ab. Anschließend die unteren Schlaufen aufschneiden.

9 Klebe Augen, Ohren, Decke und Quasten auf. Die Ohren dabei am unteren Ende mittig falten.

OHRRINGE

1 Nimm die Anfangsfäden der gelben und weißen Wolle in die Hand und umwickle die Gabel gleichzeitig mit beiden Fäden, bis ein dicker Strang entstanden ist.

2 Binde den Wollstrang mit einem Stück Sticktwist in Grün ab. Den Strang von der Gabel schieben und die Schlaufen aufschneiden. Anschließend schneidest du die Ananas zu einer ovalen Form zurecht, die Abbindefäden in Grün dabei lang hängen lassen.

3 Fädle ein Fadenende in die Sticknadel ein und stich von unten mittig durch ein kleines Blatt.

4 Anschließend wiederholst du den Vorgang mit dem zweiten Sticktwistende. Jetzt ziehst du beide Fäden fest an, sodass das Blatt dicht auf der Ananas liegt und machst einen Doppelknoten, damit nichts mehr verrutschen kann.

5 Wiederhole Schritt 3–4 bei dem größeren Blatt.

6 Jetzt knüpfst du die Fäden an den Ohrring. Lass dabei zwischen Blatt und Ohrring 1–2 cm Abstand, damit die Ananas etwas herunterhängt.

7 Wiederhole Schritt 1–6 für den zweiten Ohrring.

ANANAS-OHRRINGE

MATERIAL

- Wolle in Weiß und Gelb
- Gabel mit 4 Zinken
- Sticktwistrest in Grün
- Filz in Grün, 1 mm stark, 5 cm x 20 cm
- spitze Sticknadel
- 1 Paar Ohrringe

ZUSCHNEIDEN

- Filz in Grün:
  2x kleines Blatt
  2x großes Blatt

  Vorlagen auf Bogen A

MATERIAL

- Wolle in Hellrot und Gelb, Türkis und Rosa
- 4 Plastikhalbperlen in Schwarz, ø 6 mm
- Filz in Gelb, 1 mm stark, 6 cm x 12 cm
- Filz in Altrosa und Blau, 1 mm stark, 5 cm x 15 cm
- Bastelkleber

ZUSCHNEIDEN

- Filz in Gelb: 1x Schnabel 2x Fuß
- Filz in Altrosa und Blau: 1x Schwänzchen 2x Flügel

Vorlagen auf Bogen A und B
Pompon-Schablone Größe 2 und 3

VÖGELCHEN

VÖGELCHEN

1 Für den Kopf fertigst du in Rot einen Pompon der Größe 2 an. Lass die Abbindefäden lang.

2 Umwickle jetzt etwa ein Viertel der Pompon-Schablone in Größe 3 mit der gelben Wolle für den Bauch.

3 Anschließend umwickelst du die Schablone in der hellroten Farbe und stellst den Pompon fertig. Der Knoten der Abbindefäden sollte dabei direkt über dem Bauch liegen. Lass die Fäden lang.

TIPP

Du kannst die Pompons für Kopf und Körper auch mit einem Heißkleber verbinden. Bitte einen Erwachsenen, dir dabei zu helfen.

4 Verknote die Abbindefäden beider Pompons fest miteinander, um sie zu verbinden.

5 Das Schwänzchen auf der Körperrückseite zwischen die Pomponfäden kleben. Dafür die Fäden etwas auseinanderschieben. Den Schnabel mittig falten und ebenso vorne an den Kopf kleben.

6 Klebe die Flügel, Füße und Augen flach auf die Pompons.

LESEZEICHEN

1 Wickle einen Pompon und lass die Abbindefäden lang. Schneide ihn an zwei sich gegenüberliegenden Seiten flach zu. Der Bereich mit den Abbindefäden liegt dabei zwischen den flachen Seiten.

2 Die Herz-Schablone auf Papier abpausen. Lege sie so auf eine flache Seite des Pompons, dass die untere Spitze zu den Abbindefäden zeigt.

3 Schneide um die Schablone herum. Anschließend schneidest du das Herz noch schön in Form, indem du die Kanten etwas abrundest.

4 Ziehe einen Abbindefaden durch das obere Ende der Büroklammer. Anschließend verknotest du beide Fäden fest miteinander. Die Fadenenden abschneiden.

HERZ-LESEZEICHEN

MATERIAL

- Wolle in Dunkelblau oder Gelb
- XXL-Büroklammer in Hellblau oder Hellgrün

Vorlage auf Bogen B
Pompon-Schablone Größe 3

POMPON-TEPPICH

1 Pause die Herz-Vorlage für den Teppich auf Papier ab. Lege das Papierherz auf den Teppichgleitschutz und schneide es entlang der Außenkante aus.

2 Fertige Pompons in allen drei Farben an. Die Abbindefäden jeweils lang lassen. Um zu sehen, ob du schon genügend Pompons für deinen Teppich hast, kannst du sie auf das ausgeschnittene Herz legen. Drücke sie dicht aneinander, damit der Teppich später eine schöne Fläche erhält.

3 Um die Pompons zu befestigen, ziehst du jeweils einen Abbindefaden durch eine Gitteröffnung im Herz und den zweiten durch eine Öffnung direkt daneben.

4 Verknote anschließend die Abbindefäden mit einem festen Doppelknoten auf der Teppichunterseite.

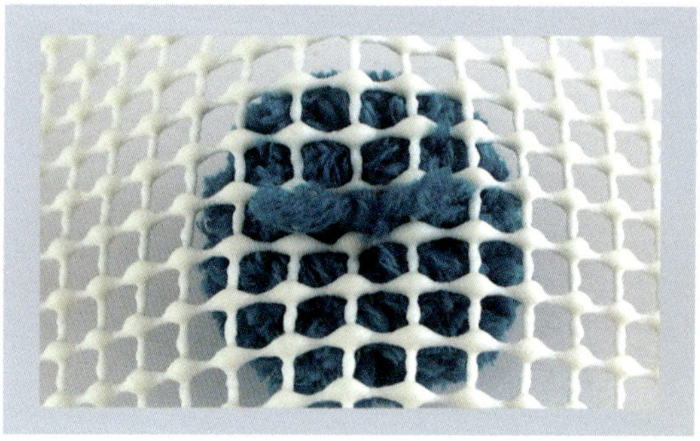

5 Arbeite von der Mitte aus zum Rand hin und befestige die Pompons dicht an dicht auf der Teppichunterlage.

MATERIAL

- Teppichgleitschutz in Gitterform, Gitterlöcher ca. 5 mm x 5 mm groß, 45 cm x 45 cm
- Wolle in Rauchblau, Weiß und Petrol

ZUSCHNEIDEN

- Teppichgleichschutz:
- Herz

Vorlage auf Bogen B
Pompon-Schablone Größe 3

TIPP

Du kannst dir auch eigene Formen für einen Teppich ausdenken, z. B. einen Stern oder einen Fisch. Oder du fertigst einfach einen kreisförmigen oder rechteckigen Teppich an. Besonders farbenfroh wird der Teppich, wenn du ihn aus vielen verschiedenen Wollresten herstellst.

POMPON-TEPPICH

DIE AUTORINNEN

INA ANDRESEN

Schon im Alter von fünf Jahren hat Ina Andresen ihre erste Nähmaschine erhalten. Dieses Modell, das noch per Hand angetrieben wurde, hatte ihr Vater aus England mitgebracht. So nähte sie bereits in ganz jungen Jahren und machte gern alles selbst. Das ist bis heute so geblieben. Ina Andresen hat in Hamburg Modedesign studiert und lebt im Schwarzwald.

https://ina-andresen.de

INES KOLLWITZ

Ines Kollwitz lebt mit ihrer Familie an der Ostsee. Das Stricken hat sie nach 25 Jahren wiederentdeckt, als sie ihrem jüngsten Sohn zu seinem 1. Geburtstag etwas stricken wollte. Seither vergeht kaum ein Tag, an dem sie nicht wenigstens ein paar Reihen strickt. Sie liebt es, etwas mit den eigenen Händen zu erschaffen und freut sich über jedes neue fertige Strickprojekt, wenn eine Idee zu etwas „Anfassbarem" wird. Auf ihrem Strickblog berichtet sie von allen Strickprojekten und allem Wissenswerten, um das schönste Hobby der Welt.

www.will-stricken.de

FANNY MITULA

Fanny Mitula lebt seit einigen Jahren mit ihrer Familie in Bayern. Sie liebt Wolle und das Reisen. Bereits in ihrer Kindheit zeigte ihr die Oma, wie man Luftmaschen häkelt. Die große Liebe zur Wolle und Handarbeit entwickelte sich allerdings erst in den letzten Jahren. Dieses Hobby ist für sie ein wunderbarer Ausgleich zu ihrem Vollzeit-Bürojob – ihr ganz persönliches Gehirnyoga. Fanny Mitula ist ständig von Fernweh geplagt und hat bei ihren Reisen immer eine Tasche voll Wolle dabei.

EMPFEHLUNGEN FÜR DICH

ISBN 978-3-7358-9102-0

ISBN 978-3-7358-9030-6

ISBN 978-3-7724-4451-7

ISBN 978-3-7724-4449-4

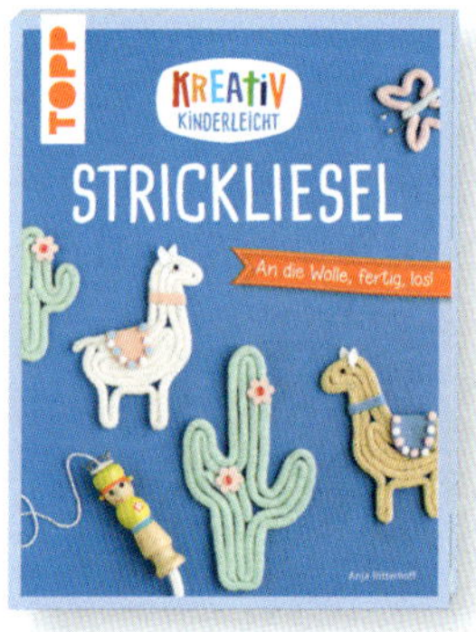

ISBN 978-3-7724-4358-9

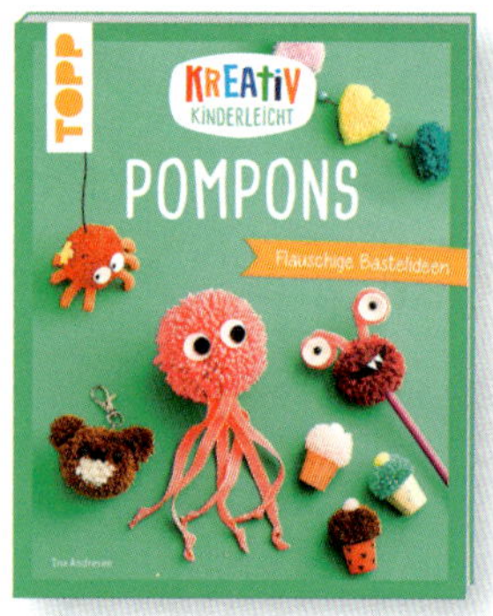

ISBN 978-3-7358-9140-2

ISBN 978-3-7724-4471-5

ISBN 978-3-7724-4611-5

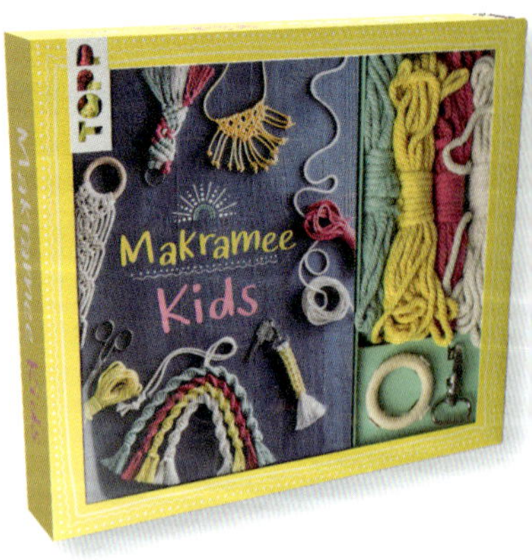

ISBN 978-3-7724-4612-2

Noch mehr Kreativ-Bücher findest du auf www.TOPP-kreativ.de

DÜRFEN WIR VORSTELLEN? WIR SIND TOPP!

Uns, unsere Autoren, Bücher, Sets und viele, viele Bastelideen gibt's nicht nur auf Events und in Buchhandlungen, sondern natürlich auch online:

www.TOPP-KREATIV.de

www.TOPP-KREATIV.de/Newsletter

www.Facebook.com/Frechverlag

www.YouTube.com/Frechverlag

www.Instagram.com/Frechverlag

www.Pinterest.com/Frechverlag

www.TOPP-kreativ.de/DigiBib

Dank

Danke an die Firmen Schachenmayr – MEZ GmbH (Herbolzheim), Gütermann GmbH (Gutach-Breisgau), Prym Consumer Europe GmbH (Stolberg), Hotex – Hollmann Textil GmbH (Cham), lillestoff GmbH (Langenhagen), Schoppel – Hohenloher Wolle GmbH (Wallhausen), Schoeller Süssen GmbH (Süßen), Gustav Selter GmbH & CO. KG (Altena), Großhandelshaus für Woll- und Kurzwaren Max Gründl (Ingolstadt) und Westfalenstoffe AG (Münster) für die freundliche Unterstützung mit Materialien.

Service-Hotline

Hast du Fragen oder gibt es ein Problem? Wir helfen dir gern. Ruf uns an oder schreib und eine E-Mail:
Telefon: 0711 / 123 757 20*

*normale Telefongebühren

E-Mail: hilfe@frechverlag.de
Weitere Informationen zum Verlag und zu unserem gesamten Programm findest du unter:
www.topp-kreativ.de

Impressum

MODELLE: Ina Andresen (S. 6–67, 138–171); Ines Kollwitz (S. 104–137);
Fanny Mitula (S. 68–103)
FOTOS: frechverlag GmbH, 70839 Gerlingen; lichtpunkt, Michael Ruder, Stuttgart
SCHRITTFOTOS: Ina Andresen (S. 12–43, 49–67, 142–170); Ines Kollwitz (S. 108–137);
Fanny Mitula (S. 74–103)
PRODUKTMANAGEMENT: Mirjam Buchwald, Cora Friedrich
LEKTORAT: Anna Burger, Laura Wagner
COVERGESTALTUNG: Lena Schmitt
SATZ: Fotosatz H. Buck
DRUCK UND BINDUNG: DZS Grafik, Slowenien

MIX
Papier | Fördert gute Waldnutzung
FSC® C106600
FSC www.fsc.org

Penguin Random House Verlagsgruppe
FSC® N001967

2. Auflage 2025

Angepasste Ausgabe von 8440.

ISBN: 978-3-7358-9130-3
Best-Nr.: 29130

FREISCHALTE-CODE für Videos und Zusatzmodelle: **59494**